1000

जीव-जंतु प्रश्नोत्तरी

इस श्रृंखला की पुस्तकें

- ★ 1000 जीव-जंतु प्रश्नोत्तरी
- ★ 1000 हिंदी साहित्य प्रश्नोत्तरी
- ★ 1000 कंप्यूटर-इंटरनेट प्रश्नोत्तरी
- ★ 1000 खेल-कूद प्रश्नोत्तरी
- ★ 1000 गणित प्रश्नोत्तरी
- ★ 1000 विज्ञान प्रश्नोत्तरी
- ★ 1000 खगोल विज्ञान प्रश्नोत्तरी
- ★ 1000 पर्यावरण प्रश्नोत्तरी
- ★ 1000 इतिहास प्रश्नोत्तरी
- ★ 1000 भूगोल प्रश्नोत्तरी
- ★ 1000 राजनीति विज्ञान प्रश्नोत्तरी
- ★ 1000 हिंदू धर्म प्रश्नोत्तरी
- ★ 1000 सामान्य ज्ञान प्रश्नोत्तरी
- ★ 1000 स्वाधीनता संग्राम प्रश्नोत्तरी

1000
जीव-जंतु प्रश्नोत्तरी

मेनका गांधी

सत्साहित्य प्रकाशन, दिल्ली

प्रकाशक : **सत्साहित्य प्रकाशन**
694–ए, (पहली मंजिल) चावड़ी बाजार, दिल्ली–110006
 / संस्करण : 2025 / मूल्य : चार सौ रुपए
मुद्रक : आर–टेक ऑफसेट प्रिंटर्स, दिल्ली अनुवाद : विनय भूषण

1000 JEEV-JANTU PRASHNOTTARI
by Smt. Menaka Gandhi ₹ 400.00
Published by **SATSAHITYA PRAKASHAN**
694-A, (First Floor) Chawri Bazar, Delhi-110006
ISBN 978-81-7721-272-3

श्री के.डी. सिंह
को कृतज्ञतापूर्वक

अनुक्रम

चतुर-चपल

1. निम्नांकित में से विजातीय कौन है?

   (अ) चीता (ब) सर्वल (बिल्ली की जाति का अफ्रीकी जानवर)

   (स) शेर

2. निम्नांकित में से विजातीय कौन है?

   (अ) समुद्री साही (ब) डॉगफिश (स) रोच

3. निम्नांकित में से विजातीय कौन है?

   (अ) कुत्ता (ब) हाथी (स) तिलचट्टा

4. निम्नांकित में से विजातीय कौन है?

   (अ) लिंक्स (बन बिलाव) (ब) भेड़िया

   (स) लामा (हिरण जैसा एक जीव)

5. निम्नांकित में से विजातीय कौन है?

   (अ) बीटल (एक प्रकार का भृंग) (ब) मकड़ी

   (स) ड्रेगनफ्लाई (चिउरा)

6. निम्नांकित में से विजातीय कौन है?

   (अ) एमू (ब) कीवी (स) कबूतर

7. निम्नांकित में से विजातीय कौन है?

   (अ) ड्यूगाँग (ब) ओलिंगो (स) कैपरकैली

□

उत्तर के लिए कृपया पृष्ठ सं. 151 देखें।

धरती एक जीव अनेक

8. दुनिया का सबसे बड़ा जानवर कौन सा है ?
   (अ) सिब्बल्ड का रोरक्वैल *(बालेनोप्तेरा मुस्कुलुस)*
   (ब) अफ्रीकी हाथी *(लोक्सोदोंता आफ्रीकाना)*
   (स) नरव्हाल *(देल्फिनाप्तेरुस लेउकस)*
9. सबसे बड़ा जीवित पक्षी कौन सा है ?
   (अ) कनाडा का विशाल हंस *(ब्रांता कनादेंसिस माक्सिमा)*
   (ब) शुतुरमुर्ग *(स्त्रूतिओ कामेलुस)*
   (स) विशाल मोआ पक्षी *(दिनोर्निस माक्सिमुस)*
10. निम्नांकित में सबसे छोटी चिड़िया कौन सी है ?
   (अ) कम चितकबरी किंगफिशर *(चेरिले रुदिस)*
   (ब) नारिना ट्रोगोन *(आपलोदेर्मा नारिना)*
   (स) मर्मर चिड़िया *(मेल्लिसुगा हेलेनाए)*
11. किस मादा स्तनधारी के बच्चे सबसे बड़े होते हैं ?
   (अ) बुश पिग *(पोतामोकोएरुस पोर्कुस)*
   (ब) आम टेनरेक *(चेंतेतेस एकाउदातुस)*
   (स) बाबिरुसा *(बाबिरोउसा बाबिरुस्सा)*
12. किस जीव के दूध में सबसे ज्यादा ग्राम प्रति लीटर शक्कर होती है ?
   (अ) बकरी (ब) हाथी (स) ह्वेल
13. किस जीव के दूध में ग्राम प्रति लीटर प्रोटीन की मात्रा सबसे ज्यादा होती है ?
   (अ) सूँस (पोर्पोएस) (ब) सूअर (स) कुत्ता

उत्तर के लिए कृपया पृष्ठ सं. 151 देखें।

14. किस जीव के दूध में ग्राम प्रति लीटर वसा की मात्रा सबसे ज्यादा होती है ?

(अ) बिल्ली (ब) सूँस (स) गैंडा

15. किस जीव का दूध प्रति लीटर सबसे ज्यादा संतुलित है ?

(अ) ऊँट (ब) गाय

(स) वोल (चूहे की जाति का एक जीव)

16. मुसीबत में सबसे ज्यादा भयानक हो जानेवाला जानवर कौन सा है ?

(अ) आम छछूँदर *(सोरेक्स आरानेउस)*

(ब) हनी बैजर (बिज्जू) *(मेल्लिवोरा कापेंसिस)*

(स) सलेटी रंग का बड़ा भालू *(उर्सुस होर्रिबिलिस)*

17. जीव-जगत् का सबसे खतरनाक सदस्य कौन है ?

(अ) घरेलू मक्खी *(मुस्का दोमेस्तिका)*

(ब) हिमालय का वाइपर सर्प *(अगकिस्त्रोदोन हिमालयनुस)*

(स) हथौड़े के सिरवाला विशाल शार्क *(स्फिर्ना मोक्कारन)*

18. कीटों का सबसे बड़ा गण कौन सा है ?

(अ) मक्खी (डिप्टेरा) (ब) बीटल्स (कोलेओप्टेरा)

(स) कर्णकीट (डेर्माप्टेरा)

19. जंतु-जगत् में सबसे ऊँची छलाँग लगाने का रिकॉर्ड किसके पास है ?

(अ) पिस्सू (सिफोनाप्टेरा) (ब) असली कुरंग (आम्टिलोपिने)

(स) मेढक (सालिएंटिआ)

20. दुनिया का सबसे बड़ा उभयचर (एंफीबियन) कौन है ?

(अ) चीन का विशाल सैलामांडेर *(मेगालोबाक्त्रुस दाविदिआनुस)*

(ब) एंडीज का टोड *(बूफो आरुंको)*

(स) दक्षिण अमेरिकी विशाल टोड *(बूफो इक्तेरिकुस)*

21. सबसे तेज दौड़नेवाला पक्षी कौन सा है ?

(अ) कोरी सारंग *(आर्देओतिस कोरी)*

(ब) शुतुरमुर्ग *(स्त्रूतिओ कामेलुस)*

(स) स्थलीय लाल फाख्ता *(कोलुंबिगाल्लिना तल्पाकोती)*

22. निम्नांकित में से कौन सी चिड़िया सबसे बड़ा अंडा देती है ?

(अ) ऑस्ट्रेलिया का सारस *(ग्रुस रुबांदिका)*

उत्तर के लिए कृपया पृष्ठ सं. 151 देखें।

(ब) शुतुरमुर्ग *(स्त्रूतिओ कामेलुस)*
(स) विशाल आर्गस *(आर्गुसिआनुस आर्गुस)*

23. विश्व की सबसे तेज उड़नेवाली चिड़िया कौन सी है?
(अ) काँटेदार पूँछवाली पर्वतीय चिड़िया *(आपुस मेल्बा)*
(ब) किटीवेक *(रिस्सा त्रिदाक्तिला)*
(स) मलाबार ट्रोगॉन *(हार्पाक्तुस .फाशिआतुस)*
(द) भारतीय कोर्सर *(कुर्सोरिउस कोरोमंदेलिकुस)*

24. जंतु-जगत् में किस जानवर की आँखें सबसे बड़ी हैं?
(अ) अफ्रीकी हाथी *(लोक्सोदोंता आफ्रीकाना)*
(ब) दानव स्क्विड *(आर्कितेउतिस प्रिंचेप्स)*
(स) नीली ह्वेल *(बालेनोप्तेरा मुस्कुलुस)*

25. विश्व का सबसे छोटा बंदर कौन सा है?
(अ) सम्राट् टमैरिन *(सागुइनुस इंपेरातोर)*
(ब) जापानी मैकॉक *(मकाका फुस्काता)*
(स) पिग्गी मार्मोसेट *(चेबुएल्ला पिग्मेआ)*

26. उड़नेवाली सबसे भारी चिड़िया कौन सी है?
(अ) गूँगा हंस *(चिग्नुस ओलोर)*
(ब) गैंडा ऑकलेट *(चेरोरिंका मोनोचेराता)*
(स) कोरी सारंग *(आर्देओतिस कोरी)*

27. बिना रीढ़ का सबसे बड़ा जानवर कौन सा है?
(अ) दानव स्कैलप *(पेक्तेन माक्सिमुस)*
(ब) जालीदार अजगर *(पीतोन रेतिकुलातुस)*
(स) विशाल स्क्विड *(आर्कितेउतिस प्रिंचेप्स)*

28. विश्व का सबसे भारी कीट कौन सा है?
(अ) अफ्रीकी गोलियाथ बीट्ल *(गोलिआतुस मेलेआग्रिस)*
(ब) ग्रेट वाइसरॉय *(लिमेनितिस पोपुलि)*
(स) ग्रेटर वैक्स मॉथ *(गाल्लेरिआ मेल्लोनेल्ला)*

29. किस जानवर की उम्र अब तक सबसे ज्यादा लंबी दर्ज की गई है?
(अ) अफ्रीकी हाथी *(लोक्सोदोंता आफ्रीकाना)*
(ब) गालपागोस कछुआ *(तेस्तुदो एलेफांतोपुस)*

उत्तर के लिए कृपया पृष्ठ सं. 151 देखें।

(स) स्पर्म ह्वेल *(फिसेतेर कातोदोन)*

30. जंतु-जगत् के किस वर्ग की दृष्टि अति तीक्ष्ण है ?
(अ) पक्षी (ब) स्तनधारी (स) मत्स्य

31. पालतू बिल्ली की सबसे बड़ी नस्ल कौन सी है ?
(अ) मैंक्स (ब) रैगडॉल (स) सियामी

32. किस पक्षी का घोंसला सबसे बड़ा होता है ?
(अ) सामाजिक वीवर *(फिलेताइरुस सोचिउस)*
(ब) काले पंख वाला स्टिल्ट *(हिमांतोपुस हिमांतोपुस)*
(स) गंजी चील *(हालिआचेतुस लेउकोचेफालुस)*

33. विश्व का सबसे बड़ा सरीसृप कौन सा है ?
(अ) एस्चुअरी का मगरमच्छ *(क्रोकोदिलुस पोरोसुस)*
(ब) अजगर *(बोआ कोन्स्त्रिक्तोर)*
(स) गिला मॉन्स्टर *(हेलोदेर्मा सुस्पेक्तुम)*

34. विश्व का सबसे लंबा जहरीला सर्प कौन सा है ?
(अ) किंग कोबरा *(ओफिओफागुस हन्ना)*
(ब) एस्प वाइपर *(विपेरा आस्पिस)*
(स) विदूषक कोरल स्नेक *(मीक्रूरुस फुल्विउस)*

35. विश्व का सबसे लंबा सर्प कौन सा है ?
(अ) रबर बोआ *(कारिना बोत्ताए)*
(ब) पीला अनाकोंडा *(एउनेक्तेस नोतेउस)*
(स) जालीदार अजगर *(पीतोन रेतिकुलातुस)*

36. विश्व का सबसे छोटा सर्प कौन सा है ?
(अ) सूत्रसर्प *(लेप्तोतिफ्लोप्स बिलिनेआता)*
(ब) कॉर्न स्नेक *(एलाफे गुत्ताता)*
(स) लिन का बौना सर्प *(कालामारिआ लिन्नाएइ)*

37. पालतू बिल्ली की सबसे छोटी नस्ल कौन सी है ?
(अ) अबीसीनियाई (ब) सिंगापुरा (स) अंगोरा

38. विश्व में क्रस्टेशिया वर्ग का सबसे भारी जीव कौन सा है ?
(अ) यूरोपीय लॉब्स्टर *(होमारुस वुल्गारिस)*
(ब) डब्लिन की खाड़ी का झींगा *(नेफ्रोप्स नोर्वेजिकुस)*

उत्तर के लिए कृपया पृष्ठ सं. 151 व 152 देखें।

(स) उत्तर अटलांटिक लॉब्स्टर *(होमारुस अमेरिकानुस)*

39. सबसे लंबा जानवर कौन सा है?

(अ) अफ्रीकी हाथी *(लोक्सोदोंता आफ्रीकाना)*

(ब) जिराफ *(जिराफ्फा कामेलोपार्दालिस)*

(स) दानव स्क्विड *(आर्कितेउतिस)*

40. किस जीव की घ्राण शक्ति सबसे तेज है?

(अ) पूर्वी जंगली चूहा *(नेओतोमा फ्लोरिदाना)*

(ब) सुनहरी गिलहरी *(चितेल्लुस लातेरलिस)*

(स) नर पतंगा *(एउदिआ पावोनिआ)*

41. सबसे बड़ा स्थलीय जीव कौन सा है?

(अ) अफ्रीकी हाथी *(लोक्सोदोंता आफ्रीकाना)*

(ब) अमेरिकी बाइसन *(बिसोन बिसोन)*

(स) हुक जैसे होंठवाला काला गैंडा *(दिचेरोस एइकोर्निस)*

42. सबसे तेज गति से छोटी दूरी तय करनेवाला धावक जीव कौन सा है?

(अ) चीता *(आचिनोनिक्स युवातुस)*

(ब) गेरेनक *(लितोक्रानिउस वाल्लेरी)*

(स) तर्पन *(एक्यूस प्रजेवाल्स्कीइ प्रजेवाल्स्कीइ)*

43. किस स्तनधारी जीव की गर्भ धारण की अवधि सबसे लंबी है?

(अ) ध्रुवीय भालू *(तालार्क्तोस मारितिमुस)*

(ब) लाल कोलोबस बंदर *(कोलोबुस बादिउस)*

(स) एशियाई हाथी *(एलेफास माक्सिमुस)*

44. किस जीव की सींग सबसे लंबी होती हैं?

(अ) मूस *(आल्चेस आल्चेस)*

(ब) ग्रेटर कूडू *(त्रागेलाफुस स्त्रेप्सिचेरोस)*

(स) पनियल भैंस *(बुबालुस आर्ने)*

45. किस नस्ल के पालतू कुत्ते सबसे भारी होते हैं?

(अ) साइबेरियन हस्की (ब) इंग्लिश मैस्टिफ

(स) सेंट बरनार्ड

46. किस नस्ल के पालतू कुत्ते सबसे तेज धावक होते हैं?

(अ) इटालियन ग्रेहाउंड (ब) फॉक्स टेरियर

उत्तर के लिए कृपया पृष्ठ सं. 152 देखें।

(स) सालुकी

47. किस नस्ल के पालतू कुत्ते सबसे लंबे होते हैं?

(अ) एल्कहाउंड (ब) आयरिश वुल्फहाउंड

(स) ग्रेट डेन

48. पालतू कुत्तों की कौन सी नस्ल सबसे छोटी होती है?

(अ) चिटुआहुआ (ब) यॉर्कशायर टेरियर

(स) टॉय पूड्ल

49. जंतु-जगत् के किस जीव में सबसे तेज गंध होती है?

(अ) धारीदार स्कंक *(मेफितेस मेफितेस)*

(ब) खाँगदार जंगली सूअर *(फाकोकोएरुस आएतिओपिकुस)*

(स) जोरिला *(इक्तोनिक्स स्त्रिआतुस)*

50. पंखोंवाले टिड्डी के रूप में मशहूर कौन सा पक्षी दुनिया में सबसे ज्यादा बरबादी फैलानेवाला माना जाता है?

(अ) लाल चोंचवाला क्विली *(क्वेलेआ क्वेलेआ)*

(ब) हुडवाला पिट्टा *(पित्ता सोर्दिदा)*

(स) वीजियन *(अनास पेनेलोपे)*

51. किस पक्षी का डैना (फैलाने पर) सबसे बड़ा होता है?

(अ) अल्बाट्रॉस *(दिओमेदिआ एस्कुलांस)*

(ब) एंडीयन कॉन्डॉर *(वुल्तुर ग्रिफुस)*

(स) टोपीवाला गिद्ध *(नेओफ्रोन मोनाकुस)*

52. कौन सी चिड़िया अपने आकार की तुलना में सबसे बड़े अंडे देती है?

(अ) बार्नेकल हंस *(ब्रांता लेउकोप्सिस)*

(ब) कीवी *(आप्तेरिक्स आउस्त्रालिस)*

(स) सीटी बजानेवाला हंस *(चिग्नुस कोलुंबिआनुस)*

53. सबसे बड़ी पालतू चिड़िया कौन सी है?

(अ) घरेलू टर्की *(मेलेआग्रिस गाल्लोपावो)*

(ब) पंखोंवाला गिनी मुरगा *(गुत्तेरा प्लूमिफेरा)*

(स) हेलमेटवाला गिनी मुरगा *(नूमिदा मेलेआग्रिस)*

54. दुनिया की सबसे छोटी तितली कौन सी है?

(अ) ड्वार्फ ब्लू *(ब्रेफिदिउम बार्बेरे)*

उत्तर के लिए कृपया पृष्ठ सं. 152 देखें।

(ब) पिग्मी ब्लू *(लिकेना एक्सिलुस)*

(स) पेल क्लाउडेड येलो *(कोलिआस हिले)*

55. किस पक्षी के पंख सबसे लंबे होते हैं?

(अ) लंबी पूँछवाला मुरगा *(गाल्लुस ओनागदोरि)*

(ब) मयूर *(पावो क्रिस्तातुस)*

(स) लंबी पूँछवाला हनी बजर्ड *(हेनिकोपेर्निस लोंजिकाउदा)*

56. किस सर्प के विषदंत सबसे लंबे होते हैं?

(अ) पूर्वी मूँगा सर्प *(मिक्रूरुस फुल्वीउस)*

(ब) किंग कोबरा *(ओफिओफागुस हन्ना)*

(स) गैबून वाइपर *(बीतुस गाबोनिका)*

57. विश्व का सबसे बड़ा शिकारी पक्षी कौन सा है?

(अ) एंडीयन गिद्ध *(बुल्तुर ग्रिफुस)*

(ब) किंग गिद्ध *(सार्कोहाम्फुस पापा)*

(स) सुनहरी चील *(आकुइला क्रिसाएतोस)*

58. विश्व में सबसे तेज चलनेवाला सर्प कौन सा है?

(अ) काला मंबा *(देंद्रोआस्पिस पोलीलेप्सिस)*

(ब) वाइपर ग्रास स्नेक *(नात्रिक्स माउरा)*

(स) मैनग्रोव सर्प *(बोइगा देंद्रोफिला)*

59. सबसे अधिक जहरीला जंतु कौन सा है?

(अ) जापानी पफरफिश *(आरोत्रोन तेत्राओदोन)*

(ब) रसेल वाइपर *(विपेरा रुस्सेल्लि)*

(स) कोकोई एरो जहरीला मेढक *(फील्लोबातेस बिकोलोर)*

60. किस जानवर की चमड़ी सबसे मोटी होती है?

(अ) विशाल मेखलावाली छिपकली *(कोर्दिलुस जिगांतेउस)*

(ब) अफ्रीकी दरियाई घोड़ा *(हिप्पोपोतामुस आंफीबिओउस)*

(स) ह्वेल शार्क *(रिन्कोंदोन तिपुस)*

61. विश्व में सबसे बड़ी मछली कौन सी होती है?

(अ) ह्वेल शार्क *(रिन्कोंदोन तिपुस)*

(ब) रिबन पूँछवाली रे *(तेनिउरा लिम्मा)*

(स) नीली मार्लिन *(माकाइरा नीग्रीकांस)*

उत्तर के लिए कृपया पृष्ठ सं. 152 देखें।

62. किस पक्षी का अंडा उसके शरीर के अनुपात में सबसे छोटा होता है?
(अ) तीतर *(पेर्दिक्स पेर्दिक्स)* (ब) धब्बेदार रेडशेंक *(ट्रिंगा एरित्रोपुस)*
(स) शुतुरमुर्ग *(स्त्रूतियो कामेलुस)*

63. सबसे धीमी चलनेवाली समुद्री मछली कौन सी है?
(अ) इंडो-पैसिफिक समुद्री घोड़ा *(हिप्पोकांपुस कुदा)*
(ब) चित्तीदार गिटारफिश *(रिनोबातुस लेंतिगिनोसुस)*
(स) हाथी मछली *(जिम्नार्कुस नीलोतिकुस)*

64. सबसे तेज भागनेवाली मछली कौन सी है?
(अ) तेगा मछली *(क्सिफिउस ग्लादिउस)*
(ब) स्कैबार्ड फिश *(लेपिदोपुस काउदातुस)*
(स) सेलफिश *(इस्तिओफोरुस प्लातिप्तेरुस)*

65. मछलियों का कौन सा कुल सबसे ज्यादा जहरीला है?
(अ) डीपसी वाइपर फिश (स्टर्नोप्टाइकिडी)
(ब) स्टोनफिश (साइनैनसिडी) (स) सर्जनफिश (एकैनथूरिडी)

66. विश्व में सबसे बड़ी मक्खी कौन सी है?
(अ) घुमक्कड़ मक्खी *(मिदास हेरोस)*
(ब) घोड़ा मक्खी *(ताबानुस सुदेतिकुस)*
(स) नर मधुमक्खी *(एरिस्तालिस तेनाक्स)*

67. विश्व की सबसे बड़ी छिपकली कौन सी है?
(अ) गिला मॉन्स्टर *(हेलोदेर्मा सुस्पेक्तुम)*
(ब) ऑस्ट्रेलिया का दढ़ियल परतदार साँप *(आंफीबोलुरुस बार्बातुस)*
(स) कोमोडो परतदार साँप *(वारानुस कोमोदोएंसिस)*

68. विश्व की सबसे जहरीली मकड़ी कौन सी है?
(अ) बेवा काली मकड़ी *(लाक्त्रोदेक्तुस माक्ताउस)*
(ब) एकांतवासी भूरी मकड़ी *(लोक्सोसेलेस रेक्लुसा)*
(स) कीप के जालेवाली मकड़ी *(आत्राक्स रोबुस्तुस)*

69. सबसे लंबी आयु वाला कीट कौन सा है?
(अ) रानी दीमक (आइसोप्टेरा) (ब) नर बार्कलाउस (सोकोप्टेरा)
(स) मादा लेसविंग (न्यूरोप्टेरा)

70. सबसे विनाशकारी कीट कौन सा है?

उत्तर के लिए कृपया पृष्ठ सं. 152 देखें।

(अ) रेगिस्तानी टिड्डी *(स्किस्तोचेर्का ग्रेगारिआ)*

(ब) कोलोराडो आलू भृंग *(लेप्तिनोतार्सा देचेम्लिनेता)*

(स) यूरोप का अनाज बरबाद करनेवाला भृंग *(ओस्त्रिनिआ नूबिलालिस)*

71. किस कुल की मछली एक लगातार दूरी सबसे तेज तय करती है?

(अ) मार्लिन्स (टेट्रापट्यूरस) (ब) सर्प मैकरील्स (गेंप्लीडी)

(स) कटलैस फिश (ट्रिंच्यूर्डि)

72. सभी थलचर जीवों में लगातार दूरी तक सबसे तेज कौन दौड़ सकता है?

(अ) भारतीय सांबर *(चेर्वुस ऊनिकोलोर)*

(ब) पूर्वी सूडान जाइंट इलैंड *(ताउरोत्रागुस ओरिक्स)*

(स) नुकीले सींगोंवाला मृग *(आंतिलोकार्पा अमेरिकाना)*

73. किस स्तनधारी की गर्भधारण अवधि सबसे कम है?

(अ) वोले *(मीक्रोतुस आर्वालिस)*

(ब) अमेरिकी अपोसम *(दिदेल्फिस मार्सुपिआलिस)*

(स) एगूटी *(दासिप्रोक्ता आगूती)*

74. किस स्तनधारी का मस्तिष्क उसके शरीर के वजन की तुलना में सबसे ज्यादा भारी होता है?

(अ) मिस्र का जेर्बोआ *(याकुलुस याकुलुस)*

(ब) हुक जैसे होंठवाला गैंडा *(दिचेरोस बिकोर्निस)*

(स) मरमोसेट *(काल्लीत्रिक्स याक्कुस)*

75. बिल्ली परिवार का सबसे बड़ा सदस्य कौन है?

(अ) साइबेरिया का लंबे रोएँवाला बाघ *(लेओ तीग्रिस आत्ताइका)*

(ब) एशियाई शेर *(पांतेरा लेओ)*

(स) प्यूमा *(फेलिस कोंकोलोर)*

76. बिल्ली परिवार का सबसे छोटा सदस्य कौन है?

(अ) चित्तीदार बिल्ली *(फेलिस रुबिजिनोसा)*

(ब) सर्वल *(फेलिस सेर्वल)*

(स) यूरोपीय बन बिलाव *(लिंक्स लिंक्स)*

77. स्तनधारी-जगत् में किस जीव की रीढ़ सबसे ज्यादा लचीली होती है?

(अ) मॉन्क सील (मोनाचिनी) (ब) एलिफैंट सील (सिस्टोफोरिनी)

(स) कानवाले सील (ओटरलिनी)

उत्तर के लिए कृपया पृष्ठ सं. 152 व 153 देखें।

78. बंदर परिवार का सबसे बड़ा सदस्य कौन है?
(अ) मैनड्रिल *(मांद्रिल्लुस स्फिनिक्स)*
(ब) चीखनेवाला लाल बंदर *(अलोउत्ता सेनिकुलुस)*
(स) बूढ़ा मैंगाबी *(चेर्कोचेबुस गालेरितुस)*

79. किस स्तनधारी जीव का रक्तचाप सबसे ज्यादा होता है?
(अ) पट्टीदार नेवला *(मुंगोस मुंगो)*
(ब) ऊदबिलाव *(चिनोगाले बेन्नेत्ती)*
(स) घरेलू बकरी *(काप्रा हिर्कुस)*

80. किस स्तनधारी जीव का रक्तचाप सबसे कम होता है?
(अ) कशेरुकी चींटीखोर *(ताकिग्लोस्सुस आकुलेआतुस)*
(ब) ब्राजील की टापीर *(तापीरुस तेर्रेस्त्रिस)*
(स) ग्रिसबॉक *(राफिचेरुस मेलानोतिस)*

81. पालतू कुत्तों की सबसे पुरानी नस्ल कौन सी है?
(अ) कैवेलियर किंग चार्ल्स स्पैनियल (ब) अरबियन गजेल हाउंड
(स) इटली का ग्रेहाउंड

82. पालतू कुत्तों की सबसे दुर्लभ नस्ल कौन सी है?
(अ) चाइनीज क्रेस्टेड डॉग (ब) लोचेन या लायन डॉग
(स) हंगेरियाई विजस्ला

83. किस स्तनधारी की आयु सबसे कम होती है?
(अ) छछूँदर (ब) फेरेट (स) कैमॉइस

84. विश्व में सबसे छोटा स्तनधारी कौन है?
(अ) पिग्मी मरमोसेट *(चेबुएल्ला पिग्मेआ)*
(ब) सावि का पिग्मी छछूँदर *(सोरेक्स मिनुतुस)*
(स) जल-चूहा *(आर्विकोला आंफीबिउस)*

85. वजन में सबसे हलका स्तनधारी जीव कौन है?
(अ) यूरोपीय छछूँदर *(ताल्पा एउरोपेआ)*
(ब) लीस्ट वीसल *(मुस्तेला रिक्सोसा)*
(स) छोटी गिमन्यूर *(हिलोमिस सुइल्लुस)*

86. कौन सा जीव एक वर्ष में सबसे ज्यादा बच्चे पैदा करता है?
(अ) खरगोश (ब) चूहा (स) गिनीपिग

उत्तर के लिए कृपया पृष्ठ सं. 153 देखें।

87. सबसे लंबी आयु का पक्षी कौन है ?

(अ) शाही चील *(आकुइला इंपेरिआलिस)*

(ब) नीला मैकॉ *(आरा मकाओ)*

(स) यूरोपीय चील-उल्लू (बूबो बूबो)

88. विश्व की सबसे विषैली मछली कौन सी है ?

(अ) जापानी पफरफिश *(आरोत्रोन तेत्राओदोन)*

(ब) कनविक्ट टैंग *(आकांतुरुस स्तेगुस)*

(स) डेविलफिश *(मोबुला मोबुलारि)*

89. जमीन पर सबसे तेज गति से चलनेवाला सर्प कौन सा है ?

(अ) अफ्रीकी ग्रास स्नेक *(प्साम्मोफिस फुर्कातुस)*

(ब) काला मंबा *(देंदोआस्पिस पोलिलेपिस)*

(स) ब्रिटिश ग्रास स्नेक *(नात्रिक्स नात्रिक्स)*

90. विश्व का सबसे बड़ा थलचर केकड़ा कौन सा है ?

(अ) राजकेकड़ा *(पारालितोदेस कांत्स्कातिका)*

(ब) नारियल केकड़ा *(बिर्गुस लात्रो)*

(स) लाल जमीनी केकड़ा *(जिगांतिनुस लातेरालिस)*

91. विश्व का सबसे बड़ा क्रस्टेशियन कौन है ?

(अ) विशाल मकड़ी सदृश केकड़ा *(माक्रोकेइरा काएंफेरि)*

(ब) विशाल स्लीपर लॉब्स्टर *(सेइल्लारिदेस लातुस)*

(स) यूरोपीय स्टोन क्रैब *(लीतोदेस माइआ)*

□

उत्तर के लिए कृपया पृष्ठ सं. 153 देखें।

उपयोग-दुरुपयोग

92. विशाल पक्षी के डैनोंवाली तितली (जाइंट बर्डविंग बटरफ्लाई) का विंगस्पैन 12 इंच होता है। यह पेड़ों के शीर्ष की ऊँचाई पर उड़ती है। संग्रहकर्ता इस तितली को किस प्रकार पकड़ते हैं ?
    (अ) वे पेड़ पर चढ़ जाते हैं और इसे जाल में फँसाते हैं।
    (ब) वाटरगन के जरिए पानी की बौछार से मारते हैं।
    (स) पेड़ पर बिछाए गए लंबे जाल की मदद से पकड़ते हैं।

93. कौन सा शहर प्रतिवर्ष 'कीट व्यापार दिवस' मनाता है, जहाँ कीट खरीदे और बेचे जाते हैं ?
    (अ) फ्रैंकफर्ट (ब) ढाका (स) हांगकांग

94. लोग स्पॉन्ज का उपयोग झाड़न के रूप में करते हैं। स्पॉन्ज क्या होता है ?
    (अ) समुद्री ककड़ी *(पेंताक्ता तूबेर्कुलोसा)* का कंकाल
    (ब) बहुकोशकीय अकशेरुकी जीव *(फीलुम पोरीफेरा)*
    (स) प्रदीप्त जेलीफिश *(पेलागिया नोक्तिलुका)*

95. किस समुद्री जीव को सुखाकर उर्वरक और मुरगियों का भोजन बनाया जाता है ?
    (अ) कंघी मछली (जैनियोलीपिडिडी)
    (ब) कीचड़ में रहनेवाली ईल (सिन्ब्रांचिडी)
    (स) सीप (मोडियोली)

96. प्राचीन भारत में किस समुद्री जीव का उपयोग मुद्रा के रूप में होता था ?
    (अ) बड़ी सीपी (ब) घोंघा (स) कौड़ी

उत्तर के लिए कृपया पृष्ठ सं. 153 देखें।

97. सीलकोट बनाने के लिए सील शिशु को किस प्रकार मारा जाता है?
(अ) सिर में गोली मारने के बाद खाल उतारी जाती है।
(ब) जहरीली मछली खिलाने के बाद खाल उतारी जाती है।
(स) लगातार डंडे से वार करने के बाद जीवित की खाल उतारी जाती है।

98. एक जोड़ा दस्ताना बनाने के लिए कितने डिक-डिक (बौने हिरण) को मारा जाता है?
(अ) एक (ब) आठ (स) दो

99. किस कृंतक (रॉडेंट) की त्वचा का उपयोग फर के लिए किया जाता है?
(अ) कोइपू *(मीओकास्तोर कोएपुस)*
(ब) केन रैट *(त्रीओनोमिस ग्रेगोरिआनुस)*
(स) गिनी-पिग *(काविआ आपेरेआ पोर्चेल्लुस)*

100. सूक्ष्म उपकरण (प्रीसिसन एक्विपमेंट) को सुचारु रूप से चलाने के लिए तेल डालने हेतु किस मछली का तेल प्रयुक्त होता है?
(अ) तैलीय सार्डीन (क्लूपिफॉर्म्स)
(ब) रैटफिश (चिमीरीफॉर्म्स)
(स) ऑयलफिश (स्कोर्पीनिफॉर्म्स)

101. समुद्री पक्षी की विष्ठा का उपयोग व्यावसायिक उर्वरक के रूप में किया जाता है। इसे क्या कहते हैं?
(अ) गुआनो (ब) फॉसफॉस (स) नौरु

102. हिरण के मांस को क्या कहा जाता है?
(अ) बेकन (ब) वेनिसन (स) हैगिस

103. टैडी बीयर नामक खिलौना किस जानवर का प्रतिरूप है?
(अ) शिशु भालू (ब) कोएला (स) पंडा

104. शिकारियों द्वारा गैंडे को उसके शरीर के एक छोटे से हिस्से के लिए मारा जाता है। अज्ञानवश उस हिस्से को कामोत्तेजक माना जाता है। वह हिस्सा क्या है?
(अ) पूँछ (ब) सींग (स) कस्तूरी का थैला

105. किस निरीह प्राणी को उसके फर के उपयोग के लिए मारा जाता है, ताकि पाँवपोंछ (डोरमैट) बनाया जा सके?
(अ) कॉमन वोंबैट *(वोंबातुस हिर्सुतुस)*

उत्तर के लिए कृपया पृष्ठ सं. 153 देखें।

(ब) मूनरैट *(एक्निोसोरेक्स जिम्नुरुस)*

(स) यूरोप का हेजहॉग *(एरिनाचेउस एउरोपेउस)*

106. ईडरडाउन का उपयोग महँगी रजाइयों में मुलायम चीज के रूप में किया जाता है, यह किस जीव से प्राप्त होता है ?

(अ) ईडरमेमना (ब) ईडरबतख (स) ईडरबकरी

107. भूतपूर्व सोवियत संघ में फौजियों की पोशाक में अस्तर लगाने के लिए किस जानवर का फर प्रयुक्त होता था ?

(अ) चिनचिल्ला चूहा *(आब्रोकोमा चिनेरेआ)*

(ब) रैकून कुत्ता *(निक्तेरेउतेस प्रोचिओनोइदेस)*

(स) आर्कटिक लेमिंग *(दिक्रोस्तोनिक्स तोर्कुआतुस)*

108. मध्य पूर्व में किस जानवर की त्वचा सबसे मूल्यवान् चर्मपत्र के रूप में पुरस्कृत हुई थी ?

(अ) कुत्ता (ब) गधा (स) सुअर

109. किस पक्षी का घोंसला चिपचिपे लार से बनता है ? चीनी पक्षी के घोंसले का शोरबा बनाने में उक्त लार प्रमुख अवयव होता है ?

(अ) कूकैल्स (ब) स्विफ्टलेट्स (स) गोटसकर्स

110. किस भेड़ से सबसे बढ़िया ऊन मिलती है ?

(अ) मेरिनो (ब) कोरिडेल (स) अंगोरा

111. केवियर किससे बनता है ?

(अ) रोयल स्टर्जियन के अंडे *(हुसो हुसो)*

(ब) यूरोपीय हरी छिपकली *(लाचेर्ता विरिदिस)*

(स) समुद्री अर्चिन *(एकिनुस एस्कुलेंतुस)*

112. पहले भूलवश 'बोजोर स्टोन' को जहर काटनेवाला पदार्थ समझा जाता था। इसे किस जानवर से निकाला जाता था ?

(अ) किंग कोबरा *(ओफिओफागुस हन्ना)*

(ब) जंगली बकरी *(काप्रा एगाग्रुस)*

(स) केमोइस बकरा *(रूपिकाप्रा रूपिकाप्रा)*

113. भारत में खुशबूदार पदार्थ निकालने के लिए किस जानवर को लगातार तब तक पीटा जाता है जब तक कि 'खुशबूवाली थैली' फट न जाए ?

(अ) भारतीय मुश्कबिलाव *(विवेर्रा जिबेता)*

उत्तर के लिए कृपया पृष्ठ सं. 153 व 154 देखें।

(ब) कस्तूरी मृग *(मोस्कुस मोस्किफेरुस)*

(स) कस्तूरी वृषभ *(ओविबोस मोस्कातुस)*

114. एक लोम चर्मकोट निर्माण के लिए कितने मिंक (विस्त्रक) मारने होते हैं?

(अ) 1-5 (ब) 10-15 (स) 60-80

115. दूसरे विश्व युद्ध के दौरान छद्मवेश के लिए जंगल-युद्ध पोशाक के रूप में किस जानवर के चमड़े का उपयोग किया गया था?

(अ) जेब्रा (ब) चीता (स) चित्तीदार लकड़बग्घा

116. एक पौंड रेशम के लिए रेशमकीट *'बोंबिक्स मोरी'* की कितनी इल्लियों को जिंदा उबालना पड़ता है?

(अ) 3000 (ब) 100 (स) 1000

117. गहरे लाल रंग के डाई कोचिनील उत्पादन के लिए किस कीट को सुखाकर महीन पीसा जाता है?

(अ) मीलीकीट *(दाक्तिलोपिउस इंदिकुस)*

(ब) सूतरंजक कीट *(दिस्देर्कुस सुतुरेल्लुस)*

(स) सर्षप कीट *(एउरिदेमा ओलेराचेउम)*

118. बीयर के खमीरीकरण के लिए प्रयुक्त होनेवाला एक एंजाइम एक जीव के फेफड़े से निकलता है। वह कौन सा जीव है?

(अ) मछली (ब) कीट (स) सरीसृप

119. इजराइल में बच्चों को दिया जानेवाला एक आहार 'मान्ना' चामत्कारिक आहार समझा जाता है। यह क्या है?

(अ) मोरक्को के भ्रमणशील टिड्डियों के पंख *(स्ताउरोनोतुस मारोक्कानुस)*

(ब) मेसन मधुमक्खी (ओस्मिया) के छत्ते की शाही जेली

(स) शल्की कीटों (होमोप्टेरा) के द्वारा झाऊ के पेड़ में किए गए छेद से रिसा हुआ रस

120. वार्निश किस प्रकार बनता है?

(अ) लैकिनी परिवार के एफिड की त्वचा से

(ब) लाक्काबिअस जाति के भौंरों के अंडों से

(स) *लाचिफेर लाक्का* नामक छोटे कीट के कंकाल से

121. एक किलो वार्निश के लिए कितने कीट मारे जाते हैं?

(अ) 20 (ब) 7500 (स) 2,00,000

उत्तर के लिए कृपया पृष्ठ सं. 154 देखें।

122. स्की की पोशाक बनाने के लिए एक अमेरिकी कंपनी ने किस ऑस्ट्रेलियाई जानवर के 1,40,000 चमड़े मँगवाए थे?
(अ) भूरा कंगारू *(माक्रोपुस जिगांतेउस ओचिद्रोमुस)*
(ब) थैलीधारी चींटीखोर *(मिर्मेकोबिउस फास्सिआतुस)*
(स) सुनहरा मेढक *(हिला आउरेआ)*

123. सुगंधित पदार्थ के निर्माण के लिए एक विशेष जाति के हिरण को मारकर क्या प्राप्त करते हैं?
(अ) डियरवैक्स (ब) कस्तूरी (स) ओडरिस्मस

124. परफ्यूम में स्थिरकारी के रूप में प्रयुक्त होनेवाला एंबरग्रिस किस जीव से प्राप्त होता है?
(अ) स्कंक डॉल्फिन *(चेफालोरिंकुस कोम्मेर्सोनिइ)*
(ब) स्पेर्म ह्वेल *(फीसेतेर कातोदोन)*
(स) नेकलेस स्लॉथ *(ब्रादिपुस तोर्कुआतुस)*

125. किस जाति के जीव का उपयोग चूना और सीमेंट उत्पादन में कच्चे माल के रूप में होता है?
(अ) भौंरे का कठोर शल्क (ब) घोंघा का कवच
(स) कछुए का खोल

126. हर मर्ज की एक दवा के रूप में 'खून निकालने की प्रक्रिया' की चिकित्सा व्यवहार पद्धति में किस जीव का उपयोग किया जाता था?
(अ) जोंक *(हिरुंदिनारिआ ग्रानुलोसा)*
(ब) भारतीय चमगादड़ *(मेगादेर्मा लीरा)*
(स) डाकू मक्खी *(आसीलिडे)*

127. निम्नांकित में कौन से शृंगार के सामान एक जानवर की मौत के बाद बनते हैं?
(अ) मूँगा (ब) मोती (स) दूधिया पत्थर

128. जंतु-जगत् का कौन सा सदस्य औषधि के लिए 'रॉयल जेली' प्रदान करता है?
(अ) जेलीफिश (ब) मधुमक्खी (स) शाही चमचाचोंच पक्षी

129. टोप निर्माण के लिए अस्त्राखान फर प्राप्ति हेतु किस एशियाई जानवर के तीन दिन के नवजात शिशु की हत्या की जाती है?

उत्तर के लिए कृपया पृष्ठ सं. 154 देखें।

(अ) कराकुल भेड़

(ब) जगुआरुंडी *(हेर्पाइलुरुस यागोउआरोउंदी)*

(स) हिम शशक *(लेपुस तिमिदुस)*

130. किस एशियाई जीव को पकड़कर तब तक पीटा जाता है जब तक कि जीव मर न जाए, चूँकि इसके आँसुओं को 'प्रेम का काढ़ा' समझा जाता है?

(अ) डेयन खरगोश *(लेपुस दायानुस)* (ब) ड्यूगाँग *(दुगोंग दुगोंग)*

(स) बगल पट्टीवाला सियार *(कानिस आदुस्तुस)*

131. जावा निवासी तंबाकू में स्वाद के लिए किस जीव का अर्क उपयोग करते हैं?

(अ) कोइपू (ब) गंध बिलाव (स) जावा का फेरेट बिज्जू

132. किस जानवर से पशमीना ऊन बनता है?

(अ) बरबरी भेड़ *(अमोरोत्रागुस लेर्विआ)*

(ब) साइबेरियाई साकिन *(काप्रा इबेक्स सिबिरिका)*

(स) मारखोर *(काप्रा फाल्कोनेरी)*

133. किस जानवर को हजारों की संख्या में मारा जाता है, चूँकि उसकी पूँछ मछली जैसा स्वाद देती है और उसकी सुगंध ग्रंथि को अज्ञानवश 'चमत्कारी औषधि' समझा जाता है। वह जानवर पहाड़ों की सुरक्षा के लिए उपयोगी है, उसका क्या नाम है?

(अ) ऊदबिलाव (कैस्टोरिडी)

(ब) पहाड़ी ऊदबिलाव (एपोलोडोंटोएडी)

(स) हटिया (कैप्रोमाइडी)

134. मंगोलिया की अर्थव्यवस्था का अधिकांश भाग एक वन्य जीव की बीस लाख खाल के निर्यात पर निर्भर करता है। यह कौन सा जीव है?

(अ) बोबक मर्मोट *(मार्मोता बोबाक सिबिरिका)*

(ब) शेन्सी टाकिन *(बुदोर्कास ताक्सीकोलोर बेदफोर्दि)*

(स) धब्बेदार सूसिल्क *(चितेल्लुस सुस्लीकुस)*

☐

उत्तर के लिए कृपया पृष्ठ सं. 154 देखें।

4

भाषा (जंतु विज्ञान की)

135. 'वेट' शब्द जंतु चिकित्सकों के लिए संक्षिप्त रूप में प्रयुक्त होता है। इसका पूर्ण रूप क्या है?

(अ) वेटेरिनेरियन (ब) बेटरोलॉजिस्ट (स) वेटरेटियन

136. लोमड़ी की पूँछ क्या कहलाती है?

(अ) टेल (ब) ब्रश (स) टैंगल

137. सेट (Sett) क्या है?

(अ) बिज्जू का बिल (ब) गिलहरी का बच्चा

(स) ऊदबिलाव का घर

138. 'टर्माइट' का क्या अर्थ है?

(अ) अंत (ब) काठखोर (स) नकली चींटी

139. गधी को क्या कहते हैं?

(अ) जेनी (ब) जैकेन (स) एसिनाइन

140. बाघ और सिंह के संसर्ग से पैदा शिशु को क्या कहते हैं?

(अ) टाइग्लॉन (ब) लाइगॉन (स) टाइगेल

141. 'रेप्टाइल' का क्या अर्थ होता है?

(अ) रेंगना (ब) विषदंत सहित (स) शल्कदार

142. 'रोडेंट' का क्या अर्थ होता है?

(अ) कुतरना (ब) नुकसान पहुँचाना

(स) भाग-दौड़ मचाना

143. 'ड्रे' किस जानवर के घर को कहते हैं?

उत्तर के लिए कृपया पृष्ठ सं. 154 देखें।

(अ) सियार (ब) गिलहरी (स) मैरमॉट

144. सिंह के समूह को क्या कहते हैं?

(अ) प्राइड (ब) रेजिमेंट (स) रोर

145. बबून के समूह को क्या कहते हैं?

(अ) जैबर (ब) ट्रूप (स) कॉनटेल

146. 'डायनोसॉर' का क्या अर्थ होता है?

(अ) लुप्तप्राय जाति (ब) विशाल जीव

(स) भयानक छिपकली

147. अंडों के घोंसले क्या कहलाते हैं?

(अ) होम (ब) ग्रैब (स) क्लच

148. 'ओरंगउटान' का क्या अर्थ होता है?

(अ) नारंगी बंदर (ब) वनवासी (स) रोएँदार इनसान

149. हिरण के सींग की शाखाएँ (एंटलर) क्या कहलाती हैं?

(अ) ट्विग्स (ब) टाइन्स (स) फोर्क्स

150. असम में घरेलू गाय और गौर के संसर्ग से उत्पन्न बच्चे क्या कहलाते हैं?

(अ) मिठन (ब) गौरगाय (स) गुरियाल

151. 'जो' क्या है?

(अ) चिड़ियाघर में पैदा हुआ जीव (ब) नर याक और घरेलू गाय

(स) कृत्रिम रूप से बधिया किया हुआ जानवर

152. 'सिवेट' शब्द की उत्पत्ति क्या है?

(अ) ग्रंथि से उत्पन्न सुगंध के लिए अरबी शब्द

(ब) दूषित के लिए ग्रीक शब्द

(स) बिल्ली सदृश जीव के लिए लैटिन शब्द

153. जातियों के निर्धारण के पूर्व चमगादड़ को क्या कहते थे?

(अ) रक्तचूषक उल्लू

(ब) फुदकनेवाली चुहिया (फ्लिटरमाइस)

(स) निशाचर केल्पीज

154. सूअर का आवास क्या कहलाता है?

(अ) सूअरबाड़ा (पिगरी) (ब) स्टाई (स) हॉगपाउंड

155. घोड़े को नाल पहनानेवाला क्या कहलाता है?

उत्तर के लिए कृपया पृष्ठ सं. 154 देखें।

(अ) धातुकर्मी (ब) लुहार (स) मोची

156. एंफीबिया का क्या अर्थ होता है?

(अ) पानी में रहना (ब) दो जीवन होना (स) शल्कधारी

157. 'बैंडीकूट' शब्द तेलुगु शब्द 'पांडि-कोक्कू' का अपभ्रंश है। इसका क्या अर्थ होता है?

(अ) शूकर चूहा (ब) लंबे दाँतोंवाला (स) छछूँदर

158. ह्वेल के समूह को क्या कहते हैं?

(अ) स्कूल (ब) गैम (स) व्हूश

159. बिल्ली के बच्चों के समूह को क्या कहते हैं?

(अ) किंडल (ब) मेस (स) स्मेल्ट

160. तेंदुआ के समूह को क्या कहते हैं?

(अ) ग्रोथ (ब) गैश (स) लीप

161. बुलबुल के समूह को क्या कहते हैं?

(अ) वार्बल (ब) वाच (स) कॉएर

162. शिशु तीतर क्या कहलाता है?

(अ) ट्वीटर (ब) पार्टलेट (स) चीपर

163. शिशु रूस्टर क्या कहलाता है?

(अ) कॉकरेल (ब) चिकलेट (स) रोस्टर

164. शिशु हंस क्या कहलाता है?

(अ) सिग्नेट (ब) स्वेन (स) स्वानलेट

165. मछली के बच्चे क्या कहलाते हैं?

(अ) फिशलेट (ब) फिंगरलिंग (स) फिलेट

166. खरगोश के बच्चे क्या कहलाते हैं?

(अ) हार्नेट (ब) हेरेन्डॉन (स) लेवेरेट

167. मेढक के बच्चे क्या कहलाते हैं?

(अ) फ्रॉगल (ब) पॉलीवॉग (स) टैडपोल

168. कबूतर के बच्चे क्या कहलाते हैं?

(अ) स्वैब (ब) स्क्रब (स) बैगुएट

169. कंगारू के बच्चे को क्या कहते हैं?

(अ) रू (ब) जोई (स) पाउचबेबी

उत्तर के लिए कृपया पृष्ठ सं. 154 व 155 देखें।

170. ईल के बच्चे को क्या कहते हैं?
(अ) इल्ट (ब) इल्वर (स) इल्मर

171. खरगोश और सियार में कौन तेज दौड़ता है?
(अ) सियार (ब) खरगोश (स) दोनों की गति बराबर है

172. 'फॉसिल' का क्या अर्थ है?
(अ) खोदना (ब) सुरक्षित रखना (स) अवशेष

173. जीवाश्म के विज्ञान को क्या कहते हैं?
(अ) एंथ्रोपोमेट्री (ब) ऑर्थोडॉन्टोलॉजी (स) पैलिएंटोलॉजी

174. 'हैमस्टर' शब्द का क्या अर्थ है?
(अ) बिलवाला (ब) जमा करनेवाला (स) खोदनेवाला

175. 'लंगूर' शब्द का क्या अर्थ है?
(अ) केला खानेवाला (ब) लाल चूतड़वाला (स) लंबी पूँछवाला

176. 'सेफालोपोड' का क्या अर्थ है?
(अ) बहु सिरधारी (ब) अनेक आँखोंवाला
(स) सिर में पाँव लगे हों

177. मच्छर के समूह को क्या कहते हैं?
(अ) बर्स्ट (ब) स्वार्म (स) क्लाउड

178. बनैले सूअर के समूह को क्या कहते हैं?
(अ) पार्टी (ब) साउंडर (स) हब्बब

179. बिल्लियों के समूह को क्या कहते हैं?
(अ) क्लटर (ब) मैंगल (स) मैकेविटी

180. गधों के समूह क्या कहलाते हैं?
(अ) पेस (ब) क्वैरी (स) स्क्रिमशॉ

181. कौओं के समूह क्या कहलाते हैं?
(अ) हैचेट (ब) कॉफ्रेट (स) मर्डर

182. फेरेट के समूह को क्या कहते हैं?
(अ) लैबिरिंथ (ब) बिजनेस (स) न्यूटेशन

183. लोमड़ियों के समूह क्या कहलाते हैं?
(अ) प्रॉउल (ब) क्वाएर (स) स्कल्क

184. जेलीफिश के समूह को क्या कहते हैं?

उत्तर के लिए कृपया पृष्ठ सं. 155 देखें।

(अ) क्वीवर (ब) स्टक (स) स्क्विश

185. सर्पों के समूह क्या कहलाते हैं?

(अ) डेन (ब) रॉल (स) रिग्ल

186. टोड के समूह क्या कहलाते हैं?

(अ) बुलेटिन (ब) बुश (स) नॉट (knot)

187. मयूरों के समूह क्या कहलाते हैं?

(अ) ब्लेज (ब) मस्टर (स) विरर्ग्यूल

188. काले कौओं (रैवेंस) के समूह क्या कहलाते हैं?

(अ) हार्वेस्ट (ब) अनकाइंडनेस (स) थंडर

□

उत्तर के लिए कृपया पृष्ठ सं. 155 देखें।

5

पर्यटकों की पथ-प्रदर्शिका

189. सभी प्राकृतिक स्पॉन्ज किस देश से आते हैं?
(अ) मॉरीशस (ब) यूनान (स) जापान

190. भारत का पहला राष्ट्रीय उद्यान (नेशनल पार्क) कौन सा था?
(अ) काजीरंगा राष्ट्रीय उद्यान, असम
(ब) कॉर्बेट राष्ट्रीय उद्यान, उत्तरांचल
(स) कान्हा राष्ट्रीय उद्यान, मध्य प्रदेश

191. स्वर्णमत्स्य मूलत: किस देश से आते हैं?
(अ) मलेशिया (ब) चीन (स) न्यूजीलैंड

192. घरेलू बिल्ली की सबसे बड़ी आबादी किस देश में है?
(अ) ब्रिटेन (ब) फ्रांस (स) संयुक्त राज्य अमेरिका

193. भारत का राष्ट्रीय पक्षी कौन है?
(अ) सारस *(ग्रुस आंतिगोने)* (ब) मयूर *(पावो क्रिस्तातुस)*
(स) सोहन चिड़िया *(कोरिओतिस नीग्रिचेप्स)*

194. यूरोप के किस देश में खेल के लिए अभी भी मैटाडोर चाकू और तलवारों से साँड़ों को मारता है?
(अ) स्पेन (ब) हॉलैंड (स) फिनलैंड

195. ऊँट का रिश्तेदार लामा किस महादेश में पाया जाता है?
(अ) ऑस्ट्रेलिया (ब) दक्षिणी अमेरिका (स) अफ्रीका

196. पापुआ और न्यूगिनी दुनिया की सबसे सुंदर किस चिड़िया के घर हैं?
(अ) स्वर्ग के पक्षी (पैराडाइजीनी)

उत्तर के लिए कृपया पृष्ठ सं. 155 देखें।

(ब) बड़बड़िया बाम्कार या कस्तूरिका (टाइमैलिनी)

(स) शकरखोरा (नेक्टरीनीडी)

197. सारी दुनिया के चिड़ियाघरों में पोषित सफेद बाघ कहाँ से भेजे जाते हैं?

(अ) जर्सी, इंग्लैंड (ब) रीवा, भारत (स) साइबेरिया, रूस

198. निम्नांकित में से कौन सा पक्षी जापान का कुलचिह्न है?

(अ) जापानी बटेर *(कोतुर्निक्स कोतुर्निक्स यापोनिका)*

(ब) जापानी बुज्जा *(निप्पोनिआ निप्पोन)*

(स) जापानी समुद्री चील *(फालाक्रोकोराक्स कापिल्लातुस)*

199. किस टापू को असंख्य जीवों की अनूठी दुनिया कहा जाता है?

(अ) गलपागोस द्वीप (ब) दक्षिण प्रशांत द्वीप (स) मालदीव द्वीप

200. टेनरेक्स (साही जैसे छोटे जीव) दुनिया में सिर्फ एक टापू पर पाए जाते हैं, उस टापू का नाम बताएँ।

(अ) कोर्फू (ब) मैडागास्कर (स) आइल ऑफ मैन

201. भारत के बगीचों में कौन सी गिलहरी पाई जाती है?

(अ) सफेद पेटवाली गिलहरी (ब) मलाया की विशाल गिलहरी

(स) पाँच पट्टियोंवाली पाम गिलहरी

202. यूरियल क्या है और कहाँ पाया जाता है?

(अ) सिक्किम का काला भालू; भूटान और तिब्बत

(ब) जंगली भेड़; पंजाब, सिंध और बलूचिस्तान

(स) एंडीज का मेहतर पक्षी

203. भारत का दूसरा सबसे बड़ा जानवर कौन सा है?

(अ) भारतीय हाथी (ब) एक सींगवाला भारतीय गैंडा

(स) गंगा की सूस

204. भारतीय गाँवों में अकसर किस जानवर को चूहों और बिच्छुओं को नियंत्रण में रखने के लिए पाला जाता है?

(अ) धारीदार लकड़बग्घा *(हिएना हिएना)*

(ब) भारतीय भूरा नेवला *(हेर्पेस्तेस फुस्कुस)*

(स) भारतीय भेड़िया *(कानिस लुपुस पाल्लीपेस)*

205. याक कहाँ पाया जाता है?

(अ) लद्दाख, भारत (ब) तिब्बत (स) कांसु प्रांत, चीन

उत्तर के लिए कृपया पृष्ठ सं. 155 देखें।

206. भारत में गैंडों के लिए मुख्य अभ्यारण्य कौन सा है ?

(अ) काजीरंगा, असम (ब) पोचरम, आंध्र प्रदेश

(स) बैशीपाली, उड़ीसा

207. घरेलू चूहों का मूल जन्मस्थान किस देश को समझा जाता है ?

(अ) बर्मा (म्याँमार) (ब) ब्रिटेन (स) भारत

208. कोलकाता में कृंतकों (रोडेंट) की आबादी का 98 प्रतिशत कौन सा जीव है ?

(अ) पूर्वी घरेलू चूहा *(मुस मुस्कुलुस दोमेस्तिकुस)*

(ब) घरेलू चूहा *(रात्तुस रात्तुस)*

(स) भूरा चूहा *(रात्तुस नोर्वेजिकुस)*

209. किस देश में भेड़िये को खाया जाता है ?

(अ) भूटान (ब) मिस्र (स) केनिया

210. पृथ्वी ग्रह का कौन सा हिस्सा 'नई दुनिया' कहलाता है ?

(अ) अमेरिका महादेश का क्षेत्र (ब) दोनों ध्रुवों को घेरनेवाला क्षेत्र

(स) कनाडा, उत्तर अमेरिका और यूरोप

211. नेवलों का मूल जन्मस्थान किस महाद्वीप को माना जाता है ?

(अ) दक्षिण अमेरिका (ब) अफ्रीका (स) यूरोप

212. डोडो कहाँ रहते थे ?

(अ) मॉरीशस (ब) कोर्फू (स) मालदीव

213. ईसा पूर्व 74 के रोमन सिक्के पर एक जानवर पर सवार व्यक्ति का चित्र है, यह कौन सा जानवर है ?

(अ) डॉल्फिन (ब) घोड़ा (स) परतदार साँप (ड्रेगन)

214. संयुक्त राज्य अमेरिका के किस शहर का नाम ऐसे जानवर के नाम पर रखा गया था जो बिलकुल ही गैर नुकसानदेह और नापसंद किया जानेवाला है ?

(अ) चिकागो—सिकाको या स्कंक (ब) डलास-डलिया या कोयोट

(स) न्यूयॉर्क—आर्को या ऑक पक्षी

215. एक जानवर विश्व में सिर्फ दो स्थानों—संयुक्त राज्य अमेरिका का दक्षिणी हिस्सा और चीन की यांगत्सी घाटी में पाया जाता है। यह क्या है ?

(अ) मंडारिन बतख *(आइक्स गालेरिकुलाता)*

(ब) एलिगेटर *(आल्लिगातोर मिस्सिस्सिपिएंसिस)*

उत्तर के लिए कृपया पृष्ठ सं. 155 देखें।

(स) हंसावर *(फोएनिकोनाइआस मिनोर)*

216. जार का रूस, ऑस्ट्रिया साम्राज्य, नेपोलियन का फ्रांस, पर्शिया साम्राज्य और रोमन साम्राज्य—इन देशों का कुलचिह्न किस पक्षी को माना जाता है?

(अ) बड़ा काला बाज *(बूतेओगाल्लुस उरुवितिंगा)*

(ब) ऑस्प्रे *(पांडिओन हालिआएतुस)*

(स) सुनहरी चील *(आकुइला क्रिसाएतोस)*

217. संयुक्त राज्य अमेरिका के ग्रेट सील पर किस पक्षी का चित्र अंकित है?

(अ) गंजी चील *(हालिआएतुस लेउकोचेफालुस)*

(ब) अमेरिकी केस्ट्रेल *(फाल्को स्पार्वेरिउस)*

(स) अमेरिकी वीजियन *(आनास अमेरिकानुस)*

218. नाचनेवाले घोड़ों का विद्यालय किस शहर में था और इसे क्या कहा जाता था?

(अ) वियना, लिपिजेनर (ब) रोम, इक्वस

(स) मास्को, ओरलोव

219. कौन सा जानवर सिर्फ कच्छ के छोटे से रण में पाया जाता है?

(अ) छरहरा लोरिस *(लोरिस तार्दिग्रादुस)*

(ब) एशियाई जंगली गधा *(एक्यूस हेमोनिउस)*

(स) रेगिस्तानी बनबिलाव *(काराकाल काराकाल)*

220. कौन सा कृंतक दक्षिण पूर्वी एशिया का सबसे बड़ा कीड़ामार है?

(अ) पिग्मी चूहा *(बाइओमिस ताइलोरि)*

(ब) छोटा चूहा *(रातुस एस्कुलांस)*

(स) घूँस चूहा *(बांदिकोता बेंगालेन्सिस)*

221. भारत का राष्ट्रीय जानवर क्या है?

(अ) बाघ (ब) पैंगोलिन

(स) हनुमान बंदर (लंगूर)

222. भारत में हूलॉक का गिब्बन कहाँ पाया जाता है?

(अ) नीलगिरि की पहाड़ियाँ (ब) विंध्य पर्वत श्रेणी

(स) असम के पर्वतीय वन

223. दुमखार अभयारण्य किस जीव के लिए है?

(अ) चिंकारा (ब) रीछ (स) काला हिरण

उत्तर के लिए कृपया पृष्ठ सं. 155 व 156 देखें।

224. किस देश की सरकार ने बाघों को समूल नष्ट कर दिया, चूँकि वहाँ बाघ को कृषि के लिए नुकसानदेह माना जाता था?

(अ) जायरे (ब) चीन (स) इराक

225. विश्व का सबसे विशाल मूँगा चट्टानों की संरचना कहाँ है?

(अ) अंडमान प्रायद्वीप के मूँगा प्रवाल (ब) लाल सागर के मूँगा प्रवाल

(स) क्वींसलैंड के ग्रेट बैरियर रीफ

226. पंजाब का प्रांतीय पक्षी कौन सा है?

(अ) भारतीय पिट्टा *(पित्ता ब्राकीउरा)*

(ब) डबचिक *(पोंडिचेप्स रुफीकोल्लिस)*

(स) पूर्वी गोशॉक *(आच्चिपीतेर बाज)*

227. पंजाब का प्रांतीय जानवर कौन सा है?

(अ) कुरंग (काला मृग) *(आंतिलोपे चेर्विकाप्रा)*

(ब) भारतीय जंगली सूअर *(सुस स्क्रोफा क्रिस्तातुस)*

(स) रेगिस्तानी बिल्ली *(फेलिस मार्गारिता)*

228. अमेरिका का राष्ट्रीय पक्षी क्या है?

(अ) कैलिफोर्निया का कोंडोर *(जिम्नोजिप्स कालिफोर्निआनुस)*

(ब) गंजी चील *(हालिआएतुस लेउकोचेफालुस)*

(स) शाही चील *(आकुइला हेलिआका)*

229. कौन सा पक्षी ग्वाटेमाला का कुलचिह्न है और इसी के नाम पर इसकी मौद्रिक इकाई है?

(अ) कॉर्नक्रेक *(क्रेक्स क्रेक्स)* (ब) क्वेजल *(फारोमाक्रुस मोकिनो)*

(स) शाही तोता *(अमाजोना इंपेरिआलिस)*

230. विश्व का सबसे बड़ा बिच्छू किस देश में पाया जाता है?

(अ) ईरान (ब) भारत (स) इंडोनेशिया

231. 'गो-अवे' पक्षी कहाँ पाया जाता है?

(अ) मध्य अफ्रीका (ब) दक्षिण अमेरिका (स) पूर्वी यूरोप

232. किस जीव को थाइलैंड का पवित्र और शाही जानवर माना जाता है?

(अ) पूर्वी ब्लू बर्ड *(सिआलिआ सिआलिस)*

(ब) स्यामी बिल्ली

(स) सियामंग गिब्बन *(हिलोबातेस सिंदाक्तिलुस)*

उत्तर के लिए कृपया पृष्ठ सं. 156 देखें।

233. घोड़ों की निम्नांकित नस्ल किस देश से संबंधित हैं ?

(अ) मुरगीज	(अ) इटली
(ब) गेल्डरलैंड	(ब) संयुक्त राज्य अमेरिका
(स) मॉरगैन	(स) टर्की
(द) कार्थूसियन	(द) इंडोनेशिया
(य) लुसिटानो	(य) सोवियत संघ
(र) ओरलोव	(र) पुर्तगाल
(ल) काराकेवी	(ल) हॉलैंड
(व) संदलवुड	(व) स्पेन

234. विश्व वन्यजीव कोष का मुख्यालय कहाँ है ?
(अ) न्यूयॉर्क, संयुक्त राज्य अमेरिका (ब) वियना, ऑस्ट्रेलिया
(स) ग्लैंड, स्विट्जरलैंड

235. कतरनिया घाट मगरमच्छ अभयारण्य कहाँ स्थित है ?
(अ) विशाखापत्तनम, आंध्र प्रदेश (ब) औरंगाबाद, महाराष्ट्र
(स) बहराइच, उत्तर प्रदेश

236. कौन सा अभयारण्य हंगुल का आखिरी आश्रयस्थली की तरह है ?
(अ) डाचीगाम राष्ट्रीय उद्यान, कश्मीर
(ब) भगवान महावीर राष्ट्रीय उद्यान, गोवा
(स) सिमलीपाल राष्ट्रीय उद्यान, उड़ीसा

237. एशियाई शेरों का एकमात्र अभयारण्य कहाँ है ?
(अ) गिर राष्ट्रीय उद्यान और रिजर्व, गुजरात
(ब) नय्यर रिजर्व, केरल
(स) कुंभलगढ़ रिजर्व, राजस्थान

238. भारत का कौन सा राष्ट्रीय उद्यान अनूप हिरणों की बड़ी संख्या के लिए विख्यात है ?
(अ) मुदुमलाई व्याघ्र रिजर्व, तमिलनाडु
(ब) किन्नरसानी रिजर्व, आंध्र प्रदेश
(स) दुधवा राष्ट्रीय उद्यान, उत्तर प्रदेश

239. भारत के किस अभयारण्य में लुप्तप्राय प्रजाति नीलगिरि टाहर की लगभग पूरी आबादी रहती है ?

उत्तर के लिए कृपया पृष्ठ सं. 156 देखें।

(अ) कलक्काडु रिजर्व, तमिलनाडु

(ब) बन्नारघाटा राष्ट्रीय उद्यान, कर्नाटक

(स) इराविकुलम राष्ट्रीय उद्यान, केरल

240. व्याघ्र दर्शन के लिए सबसे बेहतर स्थान भारत के किस व्याघ्र रिजर्व को माना जाता है?

(अ) रणथंभौर व्याघ्र अभयारण्य, राजस्थान

(ब) कान्हा राष्ट्रीय उद्यान, मध्य प्रदेश

(स) मनास व्याघ्र रिजर्व, असम

241. सन् 1938 में वाइसराय और उनके दल ने एक स्थान पर एक दिन में 4273 पक्षियों को गोली से मारा था। यह स्थल आज एक पक्षी अभयारण्य है। यह अभयारण्य कौन सा है?

(अ) नल सरोवर पक्षी अभयारण्य, गुजरात

(ब) रंगनथिट्टू पक्षी अभयारण्य, कर्नाटक

(स) केवलादेव घाना पक्षी अभयारण्य, भरतपुर

उत्तर के लिए कृपया पृष्ठ सं. 156 देखें।

जानवर भी इनसान हैं

242. हिरणों की अधिकतर प्रजातियाँ खतरा भाँपते ही अपने समूह को किस प्रकार सचेत करती हैं ?
(अ) झुंड के चारों तरफ दौड़ना शुरू करते हैं
(ब) अपनी पूँछ उठाकर पिछाड़ी का धब्बा दिखाते हैं
(स) भौंकने जैसी आवाज निकालते हैं

243. कुत्ते क्यों हाँफते हैं ?
(अ) कुत्तों में स्वेद ग्रंथि नहीं होती है, इसलिए मुँह के जरिए पानी को वाष्पीकृत करने के बाद वे ठंडे होते हैं
(ब) यह वेदना की अभिव्यक्ति है
(स) किसी मुश्किल व्यायाम के बाद भरपूर हवा मुँह में भरने के लिए

244. ठंड के मौसम में जानवर अपने रोवें खड़े क्यों करते हैं ?
(अ) गरम हवा की सतह को फँसाने के लिए
(ब) ठंड में शरीर के खुले हिस्से को ढकने के लिए
(स) ताकि खड़े बालों पर नमी गिरे और त्वचा को स्पर्श न कर पाए

245. जब आप कुत्ते को खूब डाँटते हैं तो यह इधर-उधर देखता है। और अपना अगला पंजा उठाता है। इस हरकत का क्या मतलब है ?
(अ) यह आपको अनदेखा करता है
(ब) यह पूर्ण समर्पण दिखाता है
(स) यह आपके साथ खेलना चाहता है

246. घोड़ा अपने दोनों कानों को अलग-अलग झटका देकर आगे-पीछे करते

उत्तर के लिए कृपया पृष्ठ सं. 156 देखें।

हुए क्या संकेत देना चाहता है?

(अ) संतोष (ब) गुस्सा (स) भूख

247. जब घोड़ा अपने दोनों कान पीछे की ओर सीधा पसार देता है तो वह क्या करना चाहता है?

(अ) भोजन करना (ब) बगावत, हमला और काटना

(स) नाक से रगड़ना और चाटना

248. घोड़े अपनी अनुभूति अलग-अलग तरह से हिनहिनाकर अभिव्यक्त करते हैं, यदि हिनहिनाहट लंबी हो, तेज आवाज वाली हो और एक निश्चित अंतराल पर लगातार हो तो इसका क्या अर्थ है?

(अ) अत्यधिक भय (ब) अच्छी मनोदशा और संतुष्टि

(स) यह जोड़ा बनाने की पुकार

249. स्थलीय गिलहरी *(स्पेर्मोफीलुस वेल्डिंगि)* परिवार की मादाएँ, जो समूह में रहती हैं, वर्ष में सिर्फ एक बच्चा जनती हैं। अगर इस बच्चे का कोई जानवर शिकार कर लेता है तो यह क्या करती हैं?

(अ) वह फिर से गर्भ धारण करती हैं और बच्चे पैदा करती हैं

(ब) वह मृत्युपर्यंत पत्थर पर सिर पटकती रहती हैं

(स) वह नए समूह में जाकर उनके सब बच्चों को मार डालती हैं

250. वार्टहॉग *(फाकोकोएरुस आएतिओपिकुस)* सूअरों की एकमात्र प्रजाति है जो भोजन तलाश के दौरान एक हरकत करता है। वह क्या है?

(अ) यह अपनी कलाई घुमाता है

(ब) यह थूथन की बजाय दाँतों से खुदाई करता है

(स) यह सिर नीचे झुकाकर पीछे की ओर चलता है

251. कंगारू अपनी छाती और बाँह को बार-बार क्यों चाटता है?

(अ) उन्हें साफ रखने के लिए

(ब) वाष्पीकृत म्यूकस शरीर के ताप को ठंडा रखने में मदद करता है

(स) नमक की क्षति को रोकता है

252. कुत्ता उस रास्ते पर किस प्रकार निशान लगाता है जिससे वह गुजरता है?

(अ) रास्ते में पेशाब करते हुए

(ब) रास्ते में चुनिंदा जगहों पर अपनी नाक रगड़कर

(स) रास्ते में मल विसर्जित करते हुए

उत्तर के लिए कृपया पृष्ठ सं. 156 देखें।

253. चमगादड़ों को अँधेरे का प्राणी समझा जाता है। वे रोशनी में किस तरह प्रतिक्रिया करते हैं?

(अ) दिन में वे अँधेरी गुफाओं में वापस लौट जाते हैं।

(ब) प्रकाश से उन्हें कोई आपत्ति नहीं है। यह तापक्रम में परिवर्तन है जो उन्हें प्रभावित करता है।

(स) वे रोशनी सहन नहीं कर सकते हैं; दिन में उड़ान के दौरान भी अपनी आँखें बंद रखते हैं। मार्गदर्शन के लिए ध्वनि तरंगों का उपयोग करते हैं।

254. साही किस प्रकार हमला करता है?

(अ) यह सीधा खड़ा होकर अपने दुश्मन पर काँटों से वार करता है।

(ब) यह दुश्मन पर छलाँग लगाता है और अपने काँटे चुभोता है।

(स) यह दुश्मन पर स्वयं को पीछे की ओर से धक्का देकर छलाँग लगाता है।

255. नींद के दौरान लेमूर अपनी लंबी पूँछ का क्या करता है?

(अ) यह पूँछ को अपनी गरदन में लपेट लेता है

(ब) यह पूँछ से लटकता है

(स) यह पूँछ को अपनी टाँगों के चारों तरफ लपेट लेता है

256. 'ग्लूटॉन' का अर्थ बहुत ज्यादा खानेवाला होता है। दरअसल ग्लूटॉन क्या करता है?

(अ) यह अपने से ज्यादा बड़े मांसाहारी जानवरों—भालू और भेड़ियों को चुनौती देता है और उनका शिकार लेकर भाग जाता है।

(ब) यह खाने के लिए जरूरत से ज्यादा का शिकार करता है और अपना बचा हुआ शिकार दूसरों को छूने नहीं देता।

(स) जो भोजन पच नहीं पाता है उसकी उलटी कर देता है।

257. पानी के अभाव में हाथी अपने शरीर पर किस चीज की फुहार छोड़ते हैं?

(अ) धूल (ब) मूत्र (स) ओस

258. हाथी और गैंडे की लड़ाई में अकसर गैंडा मारा जाता है। हाथी मारने के बाद उसका क्या करता है?

(अ) गैंडे के शरीर पर तब तक पाँव पटकता है जब तक उसका सींग टूट नहीं जाता।

उत्तर के लिए कृपया पृष्ठ सं. 156 व 157 देखें।

(ब) यह शरीर को टहनियों से ढक देता है।

(स) शरीर को नजरअंदाज करके आगे बढ़ जाता है।

259. 'बीयरहग' (भालू आलिंगन) शब्द की उत्पत्ति इस विश्वास से जुड़ी है कि भालू विभिन्न कारणों से आलिंगन करते हैं; वे क्या हैं?

(अ) यह विश्वास भ्रामक है

(ब) जोड़ा बनाने के दौरान वे आलिंगन करते हैं

(स) वे अपने शत्रु का आलिंगन करते हैं और उसे दबाकर मार देते हैं

260. शेर कब जोर से दहाड़ते हैं?

(अ) सूर्यास्त के एक घंटा पूर्व (ब) शिकार खा लेने के बाद

(स) प्रात:काल में

261. बिल्ली के किस व्यवहार से पता चलता है कि वह डरी हुई है?

(अ) उसकी गोल पुतलियाँ बड़ी हो जाती हैं और कान खड़े हो जाते हैं

(ब) आँखें फाड़कर नथुने फैला देती है

(स) मुँह फाड़कर जम्हाई लेती है

262. खतरा महसूस करने पर ये जीव भागते नहीं हैं। वे एक गोल घेरा बनाकर अपने बच्चों को बीच में कर लेते हैं। कौन से जानवर हैं ये?

(अ) हाथी (ब) साही (स) जंगली गधे

263. नेतृत्व करनेवाली मादा हाथी अपने समूह के किसी सदस्य के भय या अनिश्चिंतता पर नियंत्रण किस प्रकार करती है?

(अ) वह उसे सूँड़ से मारती है

(ब) वह उसके मुँह में घास का एक निवाला ठूँसती है।

(स) वह उसकी सूँड़ उठाकर फुफकारती है

264. जब एक मादा लोमड़ी मारी जाती है तो क्या होता है?

(अ) नर लोमड़ी बच्चों को छोड़ देता है

(ब) नर लोमड़ी बच्चों को मार देता है

(स) नर लोमड़ी बच्चों को पालने-पोसने की जिम्मेवारी लेता है

265. 'प्वाइंटर डॉग' क्या करता है?

(अ) यह अपने मालिक के लिए मारे गए शिकार को पकड़ता है।

(ब) जहाँ शिकार गिरा पड़ा है, वहाँ गए बिना वहाँ का रास्ता बताता है।

(स) यह नेत्रहीनों का मार्गदर्शन करता है।

उत्तर के लिए कृपया पृष्ठ सं. 157 देखें।

266. जेब्रा एक-दूसरे का अभिनंदन किस प्रकार करते हैं?
(अ) वे अपनी पिछली टाँग उठाते हैं।
(ब) वे फुफकारते और चीखते हैं।
(स) वे नाक और पेट सूँघते हैं।

267. यदि एक गुरिल्ला दूसरे गुरिल्ला पर सीधी नजर डालता है तो इसका क्या अर्थ होता है?
(अ) यह यौन क्रिया का संकेत है (ब) भय
(स) पहचानने का संकेत

268. निम्नांकित में से किस अदा को धारण करने का हक सिर्फ भेड़ियों के झुंड के नेता को प्राप्त है?
(अ) अपने कान खड़े रखना (ब) अपनी पूँछ कमर तक उठाने का
(स) एक कोण पर गरदन घुमाने का

269. निम्नलिखित बातें किस जानवर के बच्चे से संबंधित हैं; यह अपने मुँह में एक स्तन पकड़कर रखता है। यह मजबूत पेशियों से घिरा होता है। पूरे गर्भकाल के दौरान बच्चा इसे नहीं छोड़ता है। उसमें इसे चूसने की ताकत नहीं होती है। स्तन के पेशीय प्रक्रिया की वजह से इसके मुँह में दूध की धार जाती रहती है अन्यथा यह मर जाएगा?
(अ) चींटीखोर का बच्चा (ब) कंगारू का बच्चा
(स) हाइरैक्स का बच्चा

270. इवान पेत्रोविच पावलोव ने कुत्तों के साथ कौन सा प्रयोग किया?
(अ) विषैली प्रक्रिया के कारण असंयत व्यवहार
(ब) इच्छित प्रतिक्रिया (कंडीशंड रिफ्लेक्स)
(स) विभिन्न प्रजातियों के बीच संवाद

271. आक्रमण या प्रतिकूल स्थिति का सामना करने पर बिल्लियों और कुत्तों के रोएँ क्यों खड़े हो जाते हैं?
(अ) रक्त का तापक्रम कम होने की वजह से बालों की जड़ों की पेशियाँ सिकुड़ जाती हैं, परिणामस्वरूप बाल खड़े हो जाते हैं।
(ब) तनाव रक्त का तापक्रम बढ़ा देता है, इस वजह से बालों की जड़ों की पेशियाँ फैल जाती हैं, परिणामतः बाल खड़े हो जाते हैं।
(स) तनाव की वजह से एड्रिनलिन प्रवाहित होने लगता है, बालों की

उत्तर के लिए कृपया पृष्ठ सं. 157 देखें।

जड़ों की पेशियों में होनेवाली प्रक्रिया बालों को खड़ा करती है।

272. क्या सचमुच वैंपायर चमगादड़ शिकार का खून पीते हैं ?
(अ) हाँ (ब) नहीं, यह मात्र चाटता है
(स) नकली वैंपायर उसका खून नहीं पीते, जबकि असली पीते हैं।

273. बिल्लियाँ 24 घंटे में कितने घंटे सोती हैं ?
(अ) 9 (ब) 16 (स) 12

274. ड्यूगाँग शैवाल, समुद्री पतवार और समुद्री घास खाते हैं। भक्षण के पूर्व ये बालू और जहरीले समुद्री जीवों से किस प्रकार पीछा छुड़ाते हैं ?
(अ) वे घास/शैवाल के गुच्छे को हिला-हिलाकर बालू और जीवों को झाड़ देते हैं।
(ब) वे ढेर के ऊपर अपना भोजन जमा कर देते हैं, कुछ समय बाद बालू नीचे गिरकर बैठ जाता है और जीव बाहर निकल आता है।
(स) वे अपना भोजन नदी के तट पर लाकर तब तक ढेर लगाते हैं जब तक कि यह सूख न जाए। फिर वे इसे हिलाते हैं और खाते हैं।

275. तारा मछली (एस्टेरॉहडा) मांसाहारी है। कुछ तारा मछली अपनी लंबी भुजाओं से शिकार पकड़ते हैं, पर कुछ अनूठी विधि से। यह अनूठापन क्या है ?
(अ) वे अपना पेट बाहर की ओर निकाल लेते हैं और शिकार को चारों तरफ से घेरकर ढक लेते हैं, और फिर इसे पचाना शुरू कर देते हैं, जब यह अंशतः पच जाता है तो पेट और बचे हुए भोजन को सिकोड़ लेते हैं।
(ब) वे अपनी भुजाओं के चूषक से शिकार को जोड़ देते हैं, फिर चूषक से पाचन रस निकलकर शिकार को अंशतः घुला देता है, फिर इसे निगल लेते हैं।
(स) वे शिकार पर जठर रस का फुहारा छोड़ते हैं। इससे शिकार तुरंत अंशतः घुल जाता है। जब शिकार भौचक्का हो जाता है तो भुजाएँ इसे अपने में लपेट लेती हैं और इसे निगल लिया जाता है।

276. खतरा उत्पन्न होने पर समुद्री ककड़ी (होलोथुरॉएडी) क्या करती है ?
(अ) हरे रंग की स्याही का फुहारा छोड़ती हैं और भाग जाती हैं।
(ब) वे अपनी पूरी अँतड़ी को बाहर निकालकर फेंक देती हैं और पुनर्वृद्धि

उत्तर के लिए कृपया पृष्ठ सं. 157 देखें।

के लिए रेंगकर निकल जाती हैं।

(स) वे अपने आकार को छह गुना बढ़ा लेती हैं।

277. पिस्टॉल या शंखमीन (स्नैपिंग श्रिंप) का पंजा विशाल होता है; लगभग उसके शरीर का आधा। इसकी मदद से वह छोटी मछलियों को पकड़ता है। यह किस प्रकार पकड़ता है?

(अ) जैसे ही यह शिकार के पास होता है, अपने पंजे खोल देता है, शिकार को अचेत कर देता है, जब मछली ऊपर आ जाती है तो इसे पकड़ लेता है।

(ब) जैसे ही शिकार करीब होता है, यह उत्तेजित होकर अपना पंजा खोलता है। पानी के हिलने की वजह से मछली अस्त-व्यस्त हो जाती है और ऊपर उठ आती है।

(स) शिकार के निकट आने तक यह निश्चल रुका रहता है, फिर अचानक पंजे खोलता है और मछली को झपटकर पकड़ लेता है।

□

उत्तर के लिए कृपया पृष्ठ सं. 157 देखें।

वैज्ञानिक नाम

278. यदि 'ड्यूरनल' का अर्थ दिनचर जीव और नॉक्चुरनल का अर्थ निशाचर जीव होता है तो 'क्रेपुस्क्यूलर' क्या होता है?
(अ) गोधूलि वेला (ब) सूर्योदय (स) चाँदनी रात

279. आमतौर पर घोड़े की ऊँचाई को किस इकाई में मापा जाता है?
(अ) फीट (ब) हाथ (स) इंच

280. 'इक्डाइसिस' क्या होता है?
(अ) सर्प, कड़े खोलवाले जीव (क्रिस्टेशियंस) और कीटों द्वारा बाहरी कवच उतारना।
(बं) पक्षियों के यौन व्यवहारवाले पंखों के रंग में परिवर्तन और वृद्धि।
(स) प्रवासी पक्षियों का नए वातावरण में निवास करना।

281. जेब्रा शिशु पैदा होने के तुरंत बाद हर बड़ी चीज को अपनी माँ समझता है। कुछ दिनों के बाद ही वह अपनी माँ को ठीक-ठीक पहचान पाता है। जानने की यह प्रक्रिया क्या कहलाती है?
(अ) इंप्रिंटिंग (ब) फोलिंग (स) नेचुरलाइजेशन

282. पशु स्वभाव अध्ययन विज्ञान (इथोलॉजी) क्या है?
(अ) एक प्रजाति के दूसरे पर्यावास में सफल स्थान परिवर्तन का अध्ययन
(ब) जंगली जानवरों के नैतिक स्वभाव का अध्ययन
(स) पर्यावास के संदर्भ में पशु स्वभाव का अध्ययन

283. अकशेरुकी और कशेरुकी शब्दों की क्या विशेषता है?
(अ) ये जीव-जगत् के दो मुख्य वर्ग हैं।

उत्तर के लिए कृपया पृष्ठ सं. 157 देखें।

(ब) ये समुद्री जीव के दो मुख्य वर्ग हैं।

(स) ये स्तनधारी जगत् के दो मुख्य वर्ग हैं।

284. मछलीमार मछलियों को फँसाने के लिए किसका चारा फेंकता है?

(अ) मक्खी (ब) कीट

(स) हवा में कीट पकड़नेवाला पक्षी (फ्लाइकैचर)

285. यदि 'बक्कल' का संबंध मुख से है तो 'एडोरल' का संबंध किससे है?

(अ) हृदय (ब) मुख के निकट (स) आँख के ऊपर

286. र्‍यूमेन, रेटिकुलम, ओमेसम, एबोमेसम आदि का संबंध शरीर के किस हिस्से से है?

(अ) मस्तिष्क (ब) आमाशय (स) फेफड़ा

287. पारितंत्र का क्या अर्थ है?

(अ) जीवों का उसके माहौल से संबंध का अध्ययन

(ब) चयनित क्षेत्र के पूर्ण पर्यावास का अध्ययन

(स) एक जीव का मौसम के साथ संबंध का अध्ययन

288. 'फेरल' शब्द का क्या अर्थ है?

(अ) जो जीव पहले पालतू था बाद में जंगली बन गया

(ब) रात्रि में शिकार करनेवाला (स) मांसभक्षी

289. रेगिस्तानी जीव अकसर इसाबेलीय होते हैं। इसका क्या अर्थ है?

(अ) हलका भूरा रंग (ब) मोटी चमड़ी (स) जालवत पैर

290. अधिकांश स्तनधारी जरायुज होते हैं। इसका क्या अर्थ है?

(अ) उनके कवच पर एक से अधिक रंग होते हैं।

(ब) वे शिशु को जन्म देते हैं।

(स) उनके बाल होते हैं

291. गर्भनालीय या असली स्तनधारी 'यूथेरिया' भी कहे जाते हैं। क्यों?

(अ) जीव-जगत् के सम्मेलन में स्थिति दरशाने के लिए

(ब) गर्भनाल का विकास दरशाने के लिए

(स) स्थल और जल दोनों में चलने की योग्यता दरशाने के लिए

292. जानवरों के पृष्ठभाग को बताने के लिए किस शब्द का प्रयोग करते हैं?

(अ) वेंट्रल (उदरीय) (ब) डोर्सल (पृष्ठीय) (स) सर्वल

293. एल्ब्यूमिन क्या है?

उत्तर के लिए कृपया पृष्ठ सं. 157 व 158 देखें।

(अ) श्वेत हिलसा मछली का उप कुल

(ब) अंडे का श्वेत प्रोटीन

(स) एशियाई पालतू मुरगे की सफेद कलगी

294. एम्नियन क्या है ?

(अ) द्रव से भरा थैला जिसमें गर्भ विकसित होता है

(ब) एक पहाड़ी चिड़िया

(स) चिड़ियाघर में पैदा हुए जानवर का बच्चा

295. बेंथोस क्या है ?

(अ) ह्वेल परिवार को सामूहिक तौर पर निरूपित करनेवाला शब्द

(ब) पानी की तलहटी में रहनेवाले जीवों और पौधों के लिए एक साथ निरूपित होनेवाला शब्द

(स) बड़े सींगोंवाले खुरदार जीवों के लिए प्रयुक्त होनेवाला शब्द

296. पॉएकिलोथर्मिक या ठंडे खूनवाला शब्द का क्या अर्थ है ?

(अ) वे जीव जिनके रक्त का तापमान उष्ण रक्तीय प्राणी से कम होता है।

(ब) वे जीव जिनके शरीर का तापमान वातावरण के साथ बदलता है

(स) वे जीव जिनके शरीर का तापमान 0 डिग्री फॉरेनहाइट होता है

297. जीव विज्ञान का क्या अर्थ है ?

(अ) जंतु जीवन का अध्ययन (ब) सजीव जगत् का अध्ययन

(स) जानवर और इनसान के बीच के संबंध का अध्ययन

298. बायोलुमिनेंस (जैवप्रदीप्ति) क्या है ?

(अ) जीवों द्वारा प्रकाश का उत्पादन

(ब) प्रकाश का उपयोग शिकार पकड़ने की युक्ति के रूप में करना

(स) प्रकाश की ओर आकर्षित होनेवाले कीट

299. ब्लूबर क्या है ?

(अ) बिल्ली परिवार के पेट के नीचे का दिखनेवाला हिस्सा

(ब) जलीय जीव के तालु की ऊपरी मुलायम परत

(स) जलीय जीव के ऊपरी चमड़े के नीचे की मोटी परत

300. शलभ और तितलियों के लार्वा क्या कहलाते हैं ?

(अ) कैसिड (ब) कैटरपिलर (इल्ली) (स) कृमि

301. इक्टोपारासाइट क्या होता है ?

उत्तर के लिए कृपया पृष्ठ सं. 158 देखें।

(अ) वैसा जीव जो दूसरे जीव के बाहरी हिस्से पर परजीवी की तरह रहता है।

(ब) वह जीव जो दूसरे जीव के बालों में कीटों से अलग रहता है

(स) मनुष्य के इक्टोप्लाज्मा में रहनेवाला परजीवी जीव

302. वैज्ञानिक पद 'F1' का क्या अर्थ है?

(अ) मनुष्य की उत्पत्ति का सबसे पुराना सिद्धांत

(ब) दो अभिभावकों से उत्पन्न पहली पीढ़ी

(स) एक जंतु का प्राथमिक भोजन स्रोत

303. वैज्ञानिक पद 'F2' का क्या अर्थ है?

(अ) F1 पीढ़ीवालों से उत्पन्न संतान

(ब) एक जंतु का द्वितीयक भोजन स्रोत

(स) मनुष्य की उत्पत्ति के बारे में द्वितीयक सिद्धांत

304. फ्लैगेलम क्या है?

(अ) एक कोशकीय जीव से निकलनेवाला धागा जो गतिशील होने के काम में प्रयुक्त होता है?

(ब) अमीबा का परजीवी

(स) एंग्लर मछली के सिर के ऊपर झूलनेवाली कोड़े जैसी रॉड

305. जननग्रंथि (गोनैड) क्या है?

(अ) बौने हिरण की प्रजाति का लुप्तप्राय सदस्य

(ब) उभयलिंगी कीट

(स) लैंगिक कोशिकाओं और हारमोन पैदा करनेवाले जननांग

306. हाइपरपारासाइट क्या है?

(अ) एक कीट जो दूसरे कीट पर आक्रमण करता है

(ब) एक परजीवी जो दूसरे परजीवी पर आश्रित होता है

(स) बीमारी का बहाना बनानेवाला जानवर, जिसे उस प्रजाति के शेष जानवर अपना शिकार खाने देते हैं

307. इमैगो क्या है?

(अ) एक कीट की वयस्क अवस्था

(ब) दूसरी प्रजाति की ध्वनि की नकल करना

(स) पिस्सू की लार्वा अवस्था

उत्तर के लिए कृपया पृष्ठ सं. 158 देखें।

308. उस प्रोटीन का नाम बताएँ जो बाल, पंख, नाखून, पंजा, खुर और रीढ़धारी प्राणियों की त्वचा की बाहरी परत का निर्माण करता है?

(अ) फ्रेस्कैटिन (ब) टेराटिन (स) केराटिन

309. सरोवर अध्ययन (लिम्नोलॉजी) क्या है?

(अ) स्वच्छ जल में पाए जानेवाले जीवों और पौधों का अध्ययन

(ब) परिवर्तनीय जलीय जीवों पर विषैले अवशिष्ट पदार्थ के प्रभाव का अध्ययन

(स) नमकीन पानी में पाए जानेवाले कीट

310. रूप विज्ञान (मॉर्फोलॉजी) क्या है?

(अ) मृत जीव के ऊतकों का अध्ययन

(ब) जीवों पर औषधि के प्रभाव का अध्ययन

(स) सजीवों की आकृति का अध्ययन

311. यदि 'नैसल' का संबंध नाक से है तो 'बक्कल' का संबंध किससे है?

(अ) मुख (ब) पेट (स) कान

312. सेरिकल्चर क्या है?

(अ) रेशमकीट पालन और रेशम उत्पादन

(ब) सूक्ष्मदर्शी के द्वारा अमीबा का अध्ययन

(स) बीमारियों की पहचान के लिए जीव के ऊतक का कृत्रिम वर्द्धन

313. विवेरियम क्या है?

(अ) उष्णकटिबंधीय तितलियों का आवास

(ब) ऐसा स्थान जहाँ जीव बिलकुल उनकी प्राकृतिक स्थिति के अनुसार रखे जाते हैं

(स) सर्प उद्यान

314. नेक्टॉन्स क्या हैं?

(अ) पानी के ऊपरी हिस्से में तैरनेवाले जीव

(ब) प्लवक से दूर रहनेवाले जीव

(स) स्वच्छ जलीय प्लवक

315. जलीय जीव (मेराइन) कब सागरीय (ओसियनिक) कहे जाते हैं?

(अ) 100 फैदम गहरे जल में रहनेवाले जीव

(ब) विशेष तौर पर सागर में रहनेवाले जीव

उत्तर के लिए कृपया पृष्ठ सं. 158 देखें।

(स) सिर्फ खारे पानी में रहनेवाले जीव

316. पीसीकल्चर क्या है?

(अ) रास्ता खोजने के लिए जानवरों के मूत्र का अध्ययन

(ब) कृत्रिम उपायों से मछली पालन

(स) जूँ का विनाश करना

317. पार्थेनोजेनेसिस क्या होता है?

(अ) बिना निषेचन के अंडाणु का विकास

(ब) पहले जीव को तोड़कर दूसरे जीव का निर्माण

(स) कटे हुए अंगों की पुनर्वृद्धि

318. फालंगे को तुम कहाँ प्राप्त करोगे?

(अ) पाँव की अँगुली या अँगूठे की एक हड्डी में

(ब) उष्णरक्तीय मछली में

(स) पेट से सटे थैलेवाले एक जानवर में

319. वार्निंग कलरेशन (रंगों के रूप में चेतावनी) का क्या अर्थ है?

(अ) जीव और कीट अपने रंगों से दरशाते हैं कि वे या तो जहरीले हैं या वमनकारी द्रव नि:सृत करते हैं।

(ब) खतरा भाँपकर जानवरों द्वारा रंग परिवर्तन

(स) गरमी के मौसम से ठंडे मौसम के आगमन को बताने के लिए रंग परिवर्तन

320. किस प्राणी के लड़ने की आदत के चलते उसे सामाजिक पदानुक्रम में 'पेकिंग ऑर्डर' की संज्ञा मिली है?

(अ) पालतू मुरगा (ब) पालतू टर्की

(स) कूट (एक जलपक्षी)

321. पर्यावरणीय भाषा में 'क्वाड्रैट' का क्या अर्थ होता है?

(अ) चूहों के माथे के ऊपर का आधा हिस्सा

(ब) पौधों और जीवों के अध्ययन के लिए चयनित जमीन का टुकड़ा

(स) जानवर की छाप वाले सिक्के

322. जीवित जीवाश्म क्या होता है?

(अ) एक प्रकार का प्राणी, जो अरबों वर्ष तक अपरिवर्तित पड़ा रहता है

(ब) डायनोसॉर की एक संतति

उत्तर के लिए कृपया पृष्ठ सं. 158 व 159 देखें।

(स) निष्क्रिय अंगोंवाला जानवर

323. एपिकल्चर क्या है?
(अ) व्यावसायिक उद्देश्य से तोता पालन
(ब) व्यावसायिक उद्देश्य से मधुमक्खी पालन
(स) कृत्रिम पर्यावास में वनमानुष का अध्ययन

324. टेर्रेरियम क्या होता है?
(अ) स्थलीय जीवों के लिए प्रकृतशाला
(ब) टेरापिन कछुओं का चिड़ियाघर
(स) मगरमच्छों और घड़ियालों के लिए आवास

325. हर्पीटोलॉजी क्या है?
(अ) नर वानर के गुदा संबंधी रोगों का अध्ययन
(ब) पक्षियों में रक्तजनित रोगों का अध्ययन
(स) सर्प और उभयचरों का अध्ययन

326. कॉन्कोलॉजी क्या है?
(अ) पानी के अंदर का ध्वनि विज्ञान
(ब) कीटों में प्राकृतिक गर्भ निरोध का अध्ययन
(स) मोलस्क वर्ग के सीपी शंखों का विज्ञान

327. टैक्सीडर्मी क्या होता है?
(अ) मृत जीवों को सुरक्षित रखने के लिए उसमें ठूँसने-भरने, संरक्षण करने और जड़ने की कला
(ब) जानवरों को प्राणिउद्यान पहुँचाना
(स) समुद्री पक्षियों की आव्रजन प्रक्रिया

328. इंटोमोलॉजी क्या है?
(अ) कीटों का विज्ञान (ब) जीवों के अवशेष का विज्ञान
(स) आँत संबंधी रोगों का विज्ञान

329. हेल्मिंथोलॉजी क्या है?
(अ) पक्षियों की चोंच का अध्ययन
(ब) जलीय स्तनधारियों के आव्रजन का विज्ञान
(स) परजीवी कीड़ों का अध्ययन

330. केकड़ा, झींगा, छिपकली और क्रेफिश में साधारणत: 'ऑटोटेमी' होती

उत्तर के लिए कृपया पृष्ठ सं. 159 देखें।

है। उनके लिए यह किस काम का है?

(अ) अपनी पूँछ की मदद से ये खुद को आगे धक्का दे सकते हैं

(ब) स्वेच्छापूर्वक अपने अंगों को तोड़ सकते हैं और खोए अंगों को फिर से बढ़ा सकते हैं

(स) खतरा भाँपने पर रंग बदल सकते हैं

331. वेडर क्या है?

(अ) जलीय/नदी का कीट (ब) जलीय/नदी का पक्षी

(स) जालवत् पैरवाला मेढक

332. पंखों का गिरना और इसका बदलना क्या है?

(अ) रिड्रेसिंग (ब) शेडिंग (स) माउल्टिंग

333. जंतु-जगत् में सबसे आम यौन व्यवहार क्या है?

(अ) एक विवाह (ब) बहु विवाह (स) बहु पत्नी

334. गरमी के मौसम के दौरान कुछ जानवर शुष्क क्षेत्र में सोते रहते हैं। इसे क्या कहते हैं?

(अ) ग्रीष्मशयन (ब) शीतशयन (स) परिपक्वता

335. किसान जैव नियंत्रण से क्या अर्थ लगाते हैं?

(अ) कीट नियंत्रण के लिए कीटनाशक का उपयोग

(ब) नियंत्रण के लिए कीटों के नजदीकी दुश्मन का उपयोग

(स) फसल के लिए प्राकृतिक खाद का उपयोग

336. सिंबायोसिस क्या होता है?

(अ) पारस्परिक हितार्थ दो जीवों के बीच गहरा संबंध

(ब) नए वर्गीकरण के लिए तलाश

(स) निम्नवर्गीय स्तनधारियों में आत्मसातीकरण की प्रक्रिया

337. एक जानवर का निर्वात व्यवहार क्या है?

(अ) उपयुक्त उद्दीपक की अनुपस्थिति में जब जीव जीन के स्तर पर प्रोग्रामित तरीके से व्यवहार करता है

(ब) जब किसी जानवर को बिलकुल निर्वात में रख दिया जाता है तब उसकी जीवन रक्षा करने की योग्यता

(स) कैद में जानवर का व्यवहार

338. उष्णकटिबंधीय क्षेत्र में 'ऑरनिथोफिली' आम बात है, पर शीतोष्ण क्षेत्र

उत्तर के लिए कृपया पृष्ठ सं. 159 देखें।

में अनुपस्थित रहता है। यह क्या है?

(अ) पक्षियों द्वारा पुष्प परागण

(ब) पक्षियों द्वारा ठंडे क्षेत्र से गरम क्षेत्र की ओर प्रव्रजन

(स) पक्षियों द्वारा मांसाहारी व्यवहार

339. जब बहुत ठंड होती है और भोजन उपलब्ध नहीं होता है तो कुछ जानवर जाड़े के मौसम में सोए रहते हैं। इसे क्या कहते हैं?

(अ) ओसोमिनेशन (ब) शीतशयन (स) प्रसवन

☐

उत्तर के लिए कृपया पृष्ठ सं. 159 देखें।

परिवार

340. समुद्री एनीमोन क्या है?
(अ) सीलेंटेरेटा जगत् का कंघीनुमा जेलीफिश
(ब) हर्मिट केकड़े का एककोशीय परजीवी
(स) फीतेनुमा कीड़ा

341. भारतीय पैंगोलिन क्या है?
(अ) फेलिडी परिवार की जंगली बिल्ली
(ब) चींटी खानेवाला मिरमीकोफैगिडी परिवार का शल्कदार जीव
(स) हिस्ट्रीसिडी परिवार का सेही

342. वाइल्डबीस्ट क्या है?
(अ) वन्य जीवों के लिए प्रयुक्त होनेवाला शब्द
(ब) एंटीलोपिनी उपपरिवार का एक ग्नू
(स) काप्रा परिवार की पहाड़ी घुमंतू बकरी

343. ग्रिसबोक *(नोतोत्रागुस मेलानोतिस)* किस उपपरिवार से संबंधित है?
(अ) बौना हिरण (ब) जंगली बैल
(स) असली हिरण

344. चीनी या प्राचीन जलीय ड्रेगन क्या है?
(अ) कलगीवाली छिपकली (ब) विशाल सैलेमांडर
(स) मांसभक्षी मछली

345. किस परिवार के मादा जीव के पेट पर बालों का गुच्छा होता है, जो नर को आकर्षित करने के लिए आकर्षक पदार्थ बिखेरता है?
(अ) तितली और शलभ (लेपिडोप्टेरा) (ब) हिरण (सर्विडी)

उत्तर के लिए कृपया पृष्ठ सं. 159 देखें।

(स) लोरिस (लोरिडी)

346. प्रेयरी डॉग *(चिनोमिस लुदोविचिआनुस)* क्या है?

(अ) एक जंगली कुत्ता (ब) पानी का ऊदबिलाव

(स) कृंतक गिलहरी

347. मैनीकिन क्या है?

(अ) एस्ट्रिलडिडी परिवार का एक पक्षी

(ब) एगोनाइडी परिवार की मछली

(स) डॉबेनटोनिडी परिवार में 'ये-ये' बंदर का बच्चा

348. लायंस हेड, लिट्ल रेड राइडिंग हुड, बुगी, बुके हेड और स्काइगेजर— ये जीव किस नस्ल के हैं?

(अ) रजत मछली (ब) स्वर्ण मछली

(स) टिटि बंदर

349. कोलुगो क्या है?

(अ) साइनोसेफालिडि परिवार का उड़नेवाला लेमूर

(ब) सीयूरमोर्फा परिवार का गिलहरी जैसा चूहा

(स) सायनोटेरिनी परिवार का छोटी नाकवाला फल खानेवाला चमगादड़

350. पर्पल हेयरस्ट्रीक, रिंगलेट और एक छोटा टॉर्टाएजशेल क्या हैं?

(अ) तितलियाँ (ब) कछुए (स्थलीय)

(स) जलीय कछुए

351. ओसलॉट क्या है?

(अ) बिल्ली परिवार का एक सदस्य

(ब) ऊदबिलाव परिवार का एक सदस्य

(स) शुतुरमुर्ग का बच्चा

352. कौन सा निरीह प्राणी हाथी जैसा दिखता है, जिसका आकार खरगोश की तरह, पूँछविहीन, छोटी थूथन और गोल कान होते हैं?

(अ) हाइरैक्स (हाइराकोइडी) (ब) टेनरेक (टेनरेसिडी)

(स) यूएकरी (सीबिडी)

353. बर्निस्ड ब्रास, सिल्वर-Y और घोस्ट स्विफ्ट क्या हैं?

(अ) घोंघा (ब) हारलेक्विन कीट (स) शलभ

354. पॉइटू, स्पैनिश जाइंट, सेवॉय, मेसीडोनियन और मस्कट—ये किस नस्ल के जीव हैं?

उत्तर के लिए कृपया पृष्ठ सं. 159 देखें।

(अ) घोड़ा (ब) गधा (स) मुरगा

355. क्वीन्स हेलमेट, स्ट्रॉबेरी टॉप, लायंस पॉ, मिरैकुलस थैचेरिया और सनडायल—ये क्या हैं ?

(अ) प्लैंक्टन में पाई जानेवाली छोटी झींगा मछलियाँ

(ब) भिन्न-भिन्न प्रकार की मूँगा आकृतियाँ

(स) कवचधारी जीव

356. म्यूट, हूपर, ट्रंपेटर और ह्विसलिंग—ये किस प्रकार के जीव हैं ?

(अ) श्वेत हंस (ब) ट्राउट (स) काला हंस

357. समुद्री बर्रे *(चिरोनेक्स फ्लेक्केरि)* क्या है ?

(अ) जेलीफिश (ब) झींगा (स) वुडलाइस

358. दक्षिण ध्रुवीय स्कुआ क्या है ?

(अ) थैलेरक्टॉस गण के ध्रुवीय भालू का संबंधी

(ब) स्टरकोरैरिडी कुल का समुद्री पक्षी

(स) सेफालास्पाइडी वर्ग का समुद्री घोंघा

359. एल्पाइन चफ किस कुल का है ?

(अ) सर्बिडी कुल का हिरण (ब) कोरविडी कुल का कौआ

(स) कुकुलिडी कुल की कोयल

360. आडवार्क क्या है ?

(अ) ओरिक्टेरोपिडी कुल का बड़े बिल बनानेवाला जीव

(ब) टैयेसुइडी कुल का सूअर जैसा जानवर

(स) मिरमिसोफैगिडी कुल का चींटीखोर

361. समुद्री गाय (सी कॉउ) क्या है ?

(अ) साइरेनियन वर्ग का जलीय स्तनधारी

(ब) सेलासिमोर्फा वर्ग की छह गलफड़ेवाली शार्क

(स) सेटासी वर्ग की राइट ह्वेल

362. रेड एडमिरल और डिंगी स्किपर क्या हैं ?

(अ) ठंडे पानी की मछली (ब) तितलियाँ

(स) नदी में पाए जानेवाला केकड़ा

363. जंतु-जगत् का कौन सा सदस्य हमारे सरीसृप पूर्वजों का नजदीकी है ?

(अ) उभयचर (ब) पक्षी (स) मछली

364. कानविहीन सील और समुद्री शेर का नजदीकी रिश्तेदार कौन है ?

उत्तर के लिए कृपया पृष्ठ सं. 159 व 160 देखें।

(अ) भालू (ब) शार्क (स) अष्टभुजी

365. लाइम हॉक, स्मॉल एलिफैंट हॉक, गार्डेन टाइगर और ग्रीन कारपेट—ये कौन से जीव हैं?

(अ) क्रेफिश (ब) घोंघा (स्नेल) (स) शलभ

366. काठियावाड़ी, मारवाड़ी और मणिपुरी—ये किस नस्ल के जानवर हैं?

(अ) घोड़े (ब) गधे (स) भेड़

367. किस जानवर का परिवार सफेद दाँत और लाल दाँतवालों में बँटा हुआ है?

(अ) मर्मोसेट (ब) जंगली सूअर (स) श्रू (छछूँदर)

368. टेरापिन क्या है?

(अ) एमिडिडी कुल का जलीय सरीसृप

(ब) एडेनटाटा का स्थलीय स्तनधारी

(स) कैसुअरीफॉर्म्स वर्ग का न उड़ पानेवाला पक्षी

369. आउंस क्या है?

(अ) छोटे जीवों के भार को बतानेवाला एक शब्द

(ब) हिम तेंदुआ

(स) पुरानी दुनिया का सबसे छोटा बंदर

370. *पांतेरा तीग्रिस* क्या है?

(अ) तेंदुआ (चीता) (ब) बाघ (टाइगर) (स) तेंदुआ (लेपार्ड)

371. लिनसांग क्या है?

(अ) मुश्कबिलाव (ब) गिब्बन (स) पेड़ का छछूँदर

372. बिल्ली का नजदीकी रिश्तेदार कौन सा जानवर है?

(अ) मुश्कबिलाव (ब) घूँस (स) ऊदबिलाव

373. फ्लाइंग फॉक्स का संबंध किस कुल से है?

(अ) लोमड़ी (ब) चमगादड़ (स) गिलहरी

374. कैराकल किस परिवार का सदस्य है?

(अ) बकरी (ब) बिल्ली (स) भैंस

375. ग्लूटॉन *(गुलो गुलो)* किस कुल का जानवर है?

(अ) यह वीसल कुल का एक सदस्य है

(ब) यह एक प्रकार का गोरिल्ला है

(स) यह एक अफ्रीकी गिद्ध है

376. मुश्कबिलाव किस कुल से संबंध रखते हैं?

उत्तर के लिए कृपया पृष्ठ सं. 160 देखें।

(अ) टायासुइडी (ब) मस्टीलिडी (स) विवेरिडी

377. ब्रुसेल्स ग्रिफॉन, रॉटवीलर, पैपिलॉन, बोर्जोई, चिहुआहुआ और चौ-चौ किस जानवर की नस्लें हैं?

(अ) तितली (ब) कुत्ता (स) चूहा

378. नीलगाय *(बोसेल्फागुस त्रागोकामेलुस)* किस परिवार का सदस्य है?

(अ) चौसिंगा (ट्रैगोसिरिनी) (ब) हिरण (सर्विडी)

(स) बैल (बोविडी)

379. घूँस और चूहा ओपोसम्स किस नस्ल से संबंध रखते हैं?

(अ) समान अँगुली-खुरवाले प्राणियों से

(ब) पेट से सटी थैलीवालों से (मार्सुपियल्स)

(स) कृंतकों से

380. तिलचट्टे किस वर्ग से संबंध रखते हैं?

(अ) एंबियोप्टेरा (ब) डिक्टियोप्टेरा (स) आइसोप्टेरा

381. अबीसीनियन, बॉम्बे, हिमालयन और रशियन ब्लू—ये जीव किस नस्ल के हैं?

(अ) बिल्ली (ब) बकरी (स) भालू

382. जोरिल्ला जानवरों के किस समूह से संबंध रखता है?

(अ) मस्टीलिडी की धारीदार गंधमार्जार

(ब) मिरमीसोफैगिडी की चींटीखोर

(स) ओकोटोनिडी की पिका

383. हिमालय के पीली गरदनवाले मार्टिन का नजदीकी संबंधी कौन है?

(अ) ऊदबिलाव, कथियान्याल (वीसल), गंधमार्जार (मस्टीलिनिडी)

(ब) तीतर (फैसिएनिडी) (स) कुबंग (लीमूरिडी)

384. इनमें से किस-किस जीव का एक उप परिवार है, जिसके प्राणी एक पेड़ से दूसरे पेड़ पर जा सकते हैं/लटक सकते हैं?

(अ) मेढक (ब) सर्प

(स) गिलहरी (द) छिपकली

(य) लंगूर (ल) बंदर

385. ओकापी किस कुल से संबंध रखता है?

(अ) जिराफिडी (ब) सर्विडी (स) कैमिलिडी

386. सुनी, डिक-डिक, रेबॉक और क्लिपस्प्रिंगर किस कुल के जीव हैं?

उत्तर के लिए कृपया पृष्ठ सं. 160 देखें।

(अ) बौना चौसिंगा (नेयोट्रैगिनी)

(ब) भेड़, बकरी और बकरी-चौसिंगा (कैप्रिनी)

(स) चौसिंगा (एंटीलोपिनी)

387. वुल्वेराइन क्या है ?

(अ) मादा भेड़िया (ब) नेवला परिवार का सदस्य

(स) बिल्ली परिवार का सदस्य

388. बंबई बतख (हार्पोंडॉन) कौन सा जीव है ?

(अ) बड़ी बतख (ईडर डक) (ब) जलभृंग (वाटर बीट्ल)

(स) लालटेन मछली (लैंटर्न फिश)

389. समुद्री-ककड़ी क्या है ?

(अ) समुद्री जीव *(पेंताक्ता तूबेर्कुलोसा)*

(ब) मछली *(एंग्राउलिस एंक्रासिकोलुस)*

(स) स्थलीय जीव *(चिक्लोपेस दिदाक्तिलुस)*

390. वुबगाँग कौन सा जीव है ?

(अ) इलास्मोब्रांची उपवर्ग की एक शार्क

(ब) प्रोसियोनिडी कुल की छल्लेदार पूँछवाली बिल्ली

(स) एलूरिडी कुल का पंडा

391. हँसनेवाला नर गधा (लाफिंग जैक एस) किस जीव को कहते हैं ?

(अ) कूकाबर्रा किंगफिशर *(दाक्तेलो नोवाएइकुने)*

(ब) हँसनेवाला लकड़बग्घा *(क्रोकुता क्रोकुता)*

(स) अफ्रीका का जंगली गधा *(एक्यूस आसिमुस)*

392. टुको-टुको और हटिया किस कुल से संबंध रखते हैं ?

(अ) केवियोआइडी कुल (ब) पिसीडी कुल

(स) कुकुलिडी कुल

393. सेरो, गोराल और टाकिन किस नाम से प्रसिद्ध हैं ?

(अ) जंगली बैल (ब) बकरी-चौसिंगा

(स) पालतू सूअर

394. तस्मानियाई दानव स्तनधारी जीवों के किस कुल से संबंध रखता है ?

(अ) रुमिनैंट (ब) कार्निवोर

(स) मार्सुपियल

395. शोन किस कुल का सदस्य है ?

उत्तर के लिए कृपया पृष्ठ सं. 160 देखें।

(अ) हिरण (सर्विडी) (ब) चेवरोटेन (ट्रैगुलिडी)

(स) वालरस (ओडोबेनिडी)

396. असम और सिक्किम में पाया जानेवाला बिंटूरॉंग किस वर्ग का जीव है?

(अ) रैकून (प्रोसियोनिडी) (ब) ऊदबिलाव (विविरेरिडी)

(स) भालू (उर्सिडी)

397. पिनीपेड क्या है?

(अ) चार अंगोंवाला जलीय जीव (ब) पंखोंवाला जलीय स्तनधारी

(स) स्थलीय उभयचर □

उत्तर के लिए कृपया पृष्ठ सं. 160 देखें।

वानर-जगत्

398. लंगूर कुल का सबसे सुंदर और दुर्लभ प्राणी 'स्वर्णिम लंगूर' है। यह कहाँ पाया गया?
(अ) थिंफू (ब) बाली (स) असम (भारत)

399. *नासालिस लार्वातुस* को सूँड़दार बंदर क्यों कहा जाता है?
(अ) इसकी नाक लंबी, फूली हुई और दोलक की तरह होती है
(ब) बंदरों में यह सबसे ज्यादा घ्राण शक्तिवाला होता है
(स) इसकी नाक चटकीले लाल रंग की होती है जो हलके भूरे रंग के शरीर से बाहर को निकली होती है

400. साधारण रीसस बंदर के चेहरे का रंग कैसा होता है?
(अ) गहरा काला (ब) नीलापन लिये गुलाबी
(स) हलका भूरा

401. नई औषधि की जाँच और जीवों पर किए जानेवाले शल्य प्रयोग के लिए किस बंदर का निर्यात किया जाता है। परिणामत: यह लुप्तप्राय प्रजातियों की सूची में शामिल हो गया है?
(अ) सींकिया बंदर (एटेलिनी) (ब) छोटी पूँछवाला बंदर (मैकाका)
(स) चीखनेवाला बंदर (एलुएटिनी)

402. गिब्बन परिवार में सबसे बड़ा जीव कौन सा है और कहाँ पाया जाता है?
(अ) सियामाँग *(हिलोबातेस सिंदाक्तिलुस)*, मलेशिया और सुमात्रा
(ब) एकवर्णी गिब्बन *(हिलोबातेस कोंकोलोर)* वियतनाम, इंडो-चीन, दक्षिणी चीन
(स) क्लॉस गिब्बन *(हिलोबातेस क्लोस्सि)*, सुमात्रा

उत्तर के लिए कृपया पृष्ठ सं. 160 देखें।

403. हॉलीवुड का किंग-काँग कौन सा प्राइमेट था?
(अ) मैनड्रिल *(पापिओ स्फिंक्स)* (ब) ओरंगुटान *(पोंगो पिग्मेउस)*
(स) गोरिल्ला *(गोरिल्ला गोरिल्ला)*

404. भारत में कौन सा वनमानुष पाया जाता है?
(अ) कॉनकलर गिब्बन *(हिलोबातेस कोंकोलोर)*
(ब) हूलॉक गिब्बन *(हिलोवातेस होओलोक)*
(स) पिग्मी चिंपांजी *(पान पानिस्कुस)*

405. भारत में पाया जानेवाला सबसे आम बंदर कौन सा है?
(अ) बंदर *(मकाका मुलात्ता)*
(ब) काला हाउलर बंदर *(अलोउआत्ता कारावा)*
(स) सफेद कॉलरवाला टिटी *(काल्लिचेबुस तोर्कुआतुस)*

406. हनुमान के रूप में किस बंदर की प्रसिद्धि है?
(अ) साधारण लंगूर *(प्रेस्बितिस एंतेल्लुस)*
(ब) सम्राट् टैमेरिन *(सागुइनुस इंपेरातोर)*
(स) नीलगिरि लंगूर *(प्रेस्बितिस योनिइ)*

407. बबून, मैकॉक और लीमूर अपना अतिरिक्त भोजन कहाँ जमा करते हैं?
(अ) पेड़ के कोटर में (ब) अपने गाल के बड़े थैले में
(स) अपने पेट के अतिरिक्त कक्ष में

408. लंगूर अपना अतिरिक्त भोजन कहाँ जमा करता है?
(अ) पेड़ के कोटर में
(ब) पत्तियों और टहनियों से ढके हुए जमीनी बिल में
(स) पेट के अतिरिक्त विशेष थैलीनुमा कक्ष में

409. कुबंग अन्य नर वानर से किस प्रकार भिन्न है?
(अ) इसके पाँव के दूसरे अँगूठे में चौड़े नाखून की बजाय पंजा होता है
(ब) शरीर की तुलना में इसकी पूँछ दुगुने आकार की होती है
(स) इसकी पूँछ के अंदर कस्तूरी की थैली होती है

410. पुराने और नए वर्ल्ड मंकी में क्या अंतर है?
(अ) नये वर्ल्ड मंकी के हाथ का अँगूठा आमतौर पर क्षयशील होता है
(ब) नए वर्ल्ड मंकी की पूँछ आमतौर पर परिग्राही होती है
(स) आमतौर पर नए वर्ल्ड मंकी की पूँछ नहीं होती है
(द) नए वर्ल्ड मंकी सुस्त, भले और आसानी से पालतू बननेवाले होते हैं

उत्तर के लिए कृपया पृष्ठ सं. 160 व 161 देखें।

411. किस नर वानर का मस्तिष्क सबसे विकसित होता है?
(अ) बर्बर वनमानुष *(मकाका इनुआ)*
(ब) पवित्र बबून *(पापिओ हामाद्रिआस)*
(स) चिंपांजी *(पान त्रोग्लोदितेस)*

412. न्यू वर्ल्ड बंदरों में सबसे बड़ा कौन सा है?
(अ) हाउलर बंदर (एटिलिस) (ब) रोएँदार बंदर (लैगोथ्रिक्स)
(स) उल्लू की शक्लवाला बंदर (एओट्स)

413. मैनड्रिल बबून के गाल का रंग कैसा होता है?
(अ) चमकीला हरा (ब) चमकीला नीला
(स) चमकीला बैंगनी

414. गोरिल्ला का आहार क्या है?
(अ) खासतौर पर मांसभक्षी (ब) कीटभक्षी
(स) पूर्णतः शाकाहारी

415. सिफाका, इंद्रिस और अवाही इंड्रीडी कुल से संबंधित हैं। इनकी क्या विशेषता है?
(अ) ये पूँछ हीन होते हैं (ब) उनके सिर्फ 30 दाँत होते हैं
(स) सभी बंदरों में इसका रोआँ मोटा होता है

416. सभी ओल्ड वर्ल्ड बंदरों में कौन सी समानता होती है?
(अ) पूर्ण विकसित अँगूठा (हाथ का)
(ब) पिछाड़ी पर गहरे रंग का धब्बा
(स) दो से अधिक बच्चे को जन्म नहीं देना
(द) शाकाहारी
(य) अविकसित अँगूठा (हाथ का)

417. लाल हाउलर बंदर *(अलोउआत्ता सेनिकुलुस)* की क्या विशेषता है?
(अ) इसकी त्वचा का रंग लाल से नारंगी और पीले में बदल जाता है
(ब) यही एकमात्र बंदर है जो 8000 फीट से अधिक की ऊँचाई पर रहता है
(स) इसकी आवाज ट्रंपेट बाजे के उतार-चढ़ाव की तरह होती है

उत्तर के लिए कृपया पृष्ठ सं. 161 देखें।

स्तनधारी

418. स्तनधारियों में कौन सा एकमात्र जीव पूर्णत: वायुज है?

(अ) उड़नेवाला लेमूर (ब) चमगादड़

(स) उड़नेवाली गिलहरी

419. पिकास (ओकोटोनीडी) रैबिट और हेअर वर्ग के सदस्य हैं। ये किस बात में भिन्न हैं?

(अ) ये पहाड़ों में पाए जाते हैं (ब) ये शीतशयन नहीं करते हैं

(स) ये रैबिट और हेअर दोनों से बड़े होते हैं

420. हाथी का दाँत क्या है?

(अ) परिवर्तित कृंतक (इन्साइजर) (ब) विस्तृत केनाइन

(स) उलटी सींग

421. भारत-मलाया-ऑस्ट्रेलिया क्षेत्र में पाए जानेवाले लंबी जीभवाले चमगादड़ का मुख्य आहार क्या है?

(अ) फल (ब) पराग (स) चुहिया

422. निम्नांकित में से कौन से कुत्ते हाउंड प्रजाति के अंतर्गत आते हैं?

(अ) डैशहंड (ब) बीगल

(स) ह्विपेट (द) ब्लड हाउंड

(य) कॉकर स्पैनियल (र) डलमैटियन

423. निम्नांकित में गोवंश का कौन सा जानवर रेगिस्तानी और पर्वतीय—दोनों ही वातावरण में रह सकता है?

(अ) बाइसन (ब) गौर (स) याक

उत्तर के लिए कृपया पृष्ठ सं. 161 देखें।

424. पराग्वे की लोमड़ी *(दूसिचिओन जिम्नोचिर्कुस)* का आहार मेढक, छिपकलियाँ, मछलियाँ, पक्षी और कीटों के अतिरिक्त एक असाधारण चीज है। वह क्या है?

(अ) गन्ने का रस (ब) वाइपर (स) भेड़ की खाल

425. निम्नांकित में कौन सा कथन सत्य है?

(अ) हाथी अच्छे तैराक होते हैं

(ब) अफ्रीकी और भारतीय हाथी एक-दूसरे के नजदीकी हैं

(स) हाथी हलके पाँव से, बिना कोई गहरा निशान छोड़े चलता है

426. हाथी की कौन सी स्थिति 'मस्त' के रूप में जानी जाती है?

(अ) मादा हाथी का गर्भकाल की स्थिति में आना

(ब) मद का रिसना, जो नर हाथी के आक्रामक होने का कारण बनता है

(स) पालतू न बनाए जा पाने की अयोग्यता

427. सबसे बड़ी टेरियर नस्ल कौन सी है?

(अ) एयरडेल टेरियर (ब) लेकलैंड टेरियर

(स) केरी ब्लू टेरियर

428. एक कुतिया वर्ष में कितने बार जोड़ा बनाने की स्थिति में होती है?

(अ) एक बार (ब) दो बार

(स) प्रत्येक चालीस दिन पर

429. सबसे बड़ा एशियाई जंगली गधा कौन सा है?

(अ) मंगोलिया का जेगेटई (ब) तिब्बत का किआंग

(स) भारत का खुर

430. सबसे पहले किस जानवर को पालतू बनाया गया?

(अ) गधा (ब) घोड़ा (स) ऊँट

431. दरियाई घोड़ा *(हिप्पोपोटामुस आंफिबिउस)* का समूह अपने रहने के लिए जलीय क्षेत्र की पहचान करता है और उसकी रक्षा करता है। समूह का नेता कौन होता है?

(अ) नर (ब) मादा

(स) इस प्रजाति में समूह का नेता कोई नहीं होता है

432. मूस (हिरणों की एक जाति) और इल्फ (एक बड़ा हिरण) के बीच क्या अंतर है?

उत्तर के लिए कृपया पृष्ठ सं. 161 देखें।

(अ) कोई नहीं। जिसे अमेरिका में मूस कहते हैं उसे यूरोप में इल्क कहा जाता है

(ब) मूस हिरण कुल का सदस्य है और इल्क एंटिलोप कुल का

(स) कम उम्र के मूस इल्क कहलाते हैं

433. उत्तरी अमेरिका का कैरिबू *(रांजिफेर तारांदुस)* हिरणों की सभी प्रजातियों में एक प्रकार से भिन्न है। यह भिन्नता क्या है?

(अ) इसके पाँव के अँगूठे विषम संख्या में होते हैं

(ब) नर और मादा दोनों के सींग निकलते हैं

(स) एकमात्र हिरण है जो पहाड़ी घास नहीं चरते हैं

434. भारतीय शहरों की गलियों में आवारा घूमनेवाले पशुओं की कौन सी प्रजाति मुख्य तौर पर देखी जाती है?

(अ) देसी (ब) ब्राह्मणी (स) जेबू

435. एक बहुत ही प्रसिद्ध कार का नाम इंपाला था। कौन सा जीव इंपाला है?

(अ) हिरण *(एपिचेरोस मेलाम्पुस)* (ब) घोड़ा *(एक्यूस इंपालायानुस)*

(स) चील *(इंपालातुस इसिदोरि)*

436. स्टैलियन (नर घोड़ा) और गधी के संयोग से उत्पन्न संतति क्या कहलाती है?

(अ) संकरण संभव नहीं है (ब) हिनी (स) खच्चर

437. टापीर विषम संख्यावाले अँगूठोंवाले वर्ग (अनगुलेट ऑर्डर) का सदस्य है। घोड़े और गैंडे इसी वर्ग में आते हैं, परंतु यह भिन्न है, कैसे?

(अ) यह जुगाली करनेवाला है

(ब) इसके पाँव के अँगूठे सम संख्या में होते हैं

(स) इसका सिर्फ एक अँगूठा (पाँव का) होता है

438. विशाल आर्माडिल्लो इडेनटाटा ऑर्डर के अंतर्गत आता है, परंतु यह अनुपयुक्त प्रतीत होता है, कैसे?

(अ) यह अंडे देता है और बच्चे को जन्म देता है

(ब) इसके स्तन नहीं होते हैं

(स) दूसरे स्तनधारियों की तुलना में इसके दाँत ज्यादा होते हैं

439. जगुआर को अकसर तेंदुआ समझ लिया जाता है। इनमें क्या अंतर है?

(अ) जगुआर तेंदुआ की तुलना में छोटा होता है

(ब) जगुआर के धब्बे के अंदर एक और धब्बा होता है, जबकि तेंदुआ

उत्तर के लिए कृपया पृष्ठ सं. 161 देखें।

में ऐसा नहीं होता

(स) जगुआर की पूँछ तेंदुआ से छोटी होती है

440. सभी घरेलू बिल्लियाँ किस बिल्ली से विकसित हुई मानी जाती हैं ?

(अ) स्यामी बिल्ली (ब) काफरी बिल्ली

(स) ओरिनोको बिल्ली

441. रैकून कुल के किंकाजू *(पोतोस फ्लाविउस)* और मुश्कबिलाव कुल के बिंटूराँग *(आर्कितिक्तिस विंतुरोंग)* में क्या समानता है ?

(अ) ये दो ऐसे मांसभक्षी जीव हैं जिनकी पूँछें पकड़ में आ सकती हैं

(ब) ये सिर्फ दो मांसभक्षी कुल के ऐसे सदस्य हैं जो शाकाहारी हैं

(स) ये दोनों मौसम के अनुसार रंग बदलते हैं

442. उत्तरी अमेरिकी कंगारू चूहा *(दिपोदोमिस देसेर्ति)* की खाने की आदत में क्या विशेषता है ?

(अ) यह पानी नहीं पीता है

(ब) यह वर्ष में छह बार खाता है, लेकिन प्रचुर मात्रा में खाने की सामग्री जमा करके रखता है

(स) यह सिर्फ रेगिस्तानी छिपकलियाँ खाता है

443. गाय के कितने स्तन होते हैं ?

(अ) चार (ब) छह (स) आठ

444. खच्चर के माता-पिता कौन हैं ?

(अ) दो खच्चर (ब) गधी और साँड़ (स) गधा और घोड़ी

445. मार्सुपियल अपने बच्चे को कहाँ रखते हैं ?

(अ) अपनी पीठ पर (ब) अपने थैले में (स) अपने कंधों पर

446. दरियाई घोड़ा के नाम से कौन सा जानवर विख्यात है ?

(अ) वालरस (ब) ओलिंगो (स) हिप्पोपोटैमस

447. कुत्ते का पूर्वज कौन सा जीव है ?

(अ) भेड़िया (ब) ढोल (स) डिंगो

448. ऊँट की कूबड़ में क्या होता है ?

(अ) पानी (ब) वसा (स) प्रोटीन

449. लकड़बग्घा किस जानवर की माँद हथियाता है और उसे अपने अनुकूल बना लेता है ?

उत्तर के लिए कृपया पृष्ठ सं. 161 देखें।

(अ) साही (ब) लोमड़ी (स) नेवला

450. हथेलीवाले मुश्कबिलाव बीजों को फैलाने में एक अहम भूमिका अदा करते हैं। वे फल को खाते हैं और बीज को मल के रूप में निकालते हैं। यह किसका बीज होता है?

(अ) कॉफी बेर (ब) आम (स) एवोकाडो

451. चमगादड़ों को अपवादस्वरूप ज्यादा भोजन, ताप और नमी की आवश्यकता होती है। क्यों?

(अ) त्वचा के छिद्र बड़े होने से अधिक मात्रा में ताप निकल जाता है

(ब) शरीर की तुलना में त्वचा ज्यादा होने से ताप की ज्यादा मात्रा खर्च हो जाती है

(स) अन्य स्तनधारियों की तुलना में आमाशय में मौजूद अम्ल भोजन को तेजी से पचाता है, इस काम में ज्यादा ताप खर्च होता है

452. चमगादड़ वापस लौटने के लिए गुफा को क्यों चुनते हैं?

(अ) उन्हें एकसमान ताप प्राप्त होता है

(ब) वे गुफा में पाए जानेवाले लाइकेन पर निर्भर रहते हैं

(स) वे रोशनी बरदाश्त नहीं कर सकते हैं

453. कौन सा चमगादड़ आकार में छोटा होता है?

(अ) फल खानेवाले चमगादड़ (ब) मांसभक्षी चमगादड़

(स) कीटभक्षी चमगादड़

454. फलभक्षी चमगादड़ क्या खाता है?

(अ) फल का छिलका (ब) फल का गूदा

(स) फल का रस

455. जिन चमगादड़ों के मुँह कृत्रिम तौर पर बंद कर दिए जाते हैं, वे प्रयोग के दौरान गड़बड़ी क्यों करते हैं?

(अ) उनकी चीख 'प्रतिध्वनि उपकरण' है जो उनका निर्देशन करती है

(ब) चूँकि संतुलन का अंग मुँह के अंदर होता है और यह सिर्फ उसी हालत में काम करता है जब मुँह खुला होता है।

(स) चूँकि उनके सूँघने का अंग मुँह के अंदर होता है और यह रास्ता तलाश करने के लिए उपयुक्त होनेवाली उनकी प्राथमिक इंद्रिय है

456. कस्तूरी मृग *(मोस्कुस मोस्किफेरुस)* और अन्य मृगों में क्या-क्या अंतर हैं?

उत्तर के लिए कृपया पृष्ठ सं. 161 व 162 देखें।

(अ) यह सींगविहीन होता है (ब) इसके पास गलथैली होती है

(स) नर के पेट की त्वचा के अंदर कस्तूरी ग्रंथि होती है

(द) इसके पास विशेष गतिशील पाँव होते हैं

(य) इसके पास चार मुड़े हुए सींग होते हैं

457. मादा पैंगोलिन *(आमानिस क्रास्सिकाउदाता)* अपने बच्चे को किस प्रकार ढोती है?

(अ) उसके पेट के ऊपर एक थैली होती है (ब) अपनी पूँछ पर

(स) अपनी पीठ पर

458. नवजात गौर *(बोस गाउरुस)* किस रंग का होता है?

(अ) हलका स्वर्णिम पीला (ब) गहरा भूरा

(स) नीलापन लिये काला

459. बूढ़े गौर का रंग कैसा होता है?

(अ) धूसर (ब) गहरा काला (स) गहरा भूरा

460. साँड़ याक *(बोस मुतुस)* आमतौर पर कंधे पर कितना ऊँचा होता है?

(अ) आठ फीट (ब) पाँच फीट छह इंच

(स) तीन फीट पाँच इंच

461. भेड़ की तीन गंध ग्रंथियाँ होती हैं; जिसमें एक चेहरे पर आँख के नीचे और दूसरी उरूमूल (ग्रोइन) में स्थित होती है। तीसरी कहाँ होती है?

(अ) गरदन के नीचे (ब) अगली बाईं टाँग के नीचे

(स) पाँव के दो मुख्य अँगुलियों के बीच

462. किस यात्री ने एक भेड़ का नामकरण अपने नाम पर किया?

(अ) चंगेज खान (ब) मार्कोपोलो (स) रुडयार्ड किपलिंग

463. गोवंशीय जीव के पेट के चार कक्ष होते हैं, उनमें से किसमें भोजन पचता है?

(अ) पहला (ब) दूसरा (स) चौथा

464. भारतीय साही *(हिस्त्रिक्स इंदिका)* का प्रिय भोजन क्या है?

(अ) जामुन का बीज (ब) मृग की गिरी हुई सींगें

(स) घोंघे

465. खरहा (हेअर) और खरगोश (रैबिट) के जन्म में क्या अंतर होता है?

(अ) जन्म के वक्त खरहा की पूँछ होती है, जो शनैः-शनैः गिर जाती है और खरगोश जन्म से ही पुच्छहीन होता है

उत्तर के लिए कृपया पृष्ठ सं. 162 देखें।

(ब) खरहा का जन्म खुले में होता है जबकि खरगोश का जन्म भूमिगत होता है

(स) खरहा की आँखें खुली होती हैं और रोओं से भरी होती हैं। खरगोश की आँखें बंद होती हैं और रोएँ नहीं होते हैं

466. छछूंदर (बाथीरगिडी) आमतौर पर एक वर्ष में कितनी बार गर्भधारण करती है?

(अ) 4 (ब) 6.8 (स) 11.3

467. कौन से कृंतक फसलों को बरबाद करते हैं?

(अ) भारतीय हिरनमूसा *(तातेरा इंदिका)*

(ब) छोटा भारतीय मैदानी चूहा *(मूस बोओदुगा)*

(स) धारीदार मैदानी चूहा *(आपोदेमुस आग्रारिउस)*

468. कृंतक के दाँतों की क्या विशेषता है?

(अ) जबड़े के अंदर आगे-पीछे के दाँतों के बीच खाली जगह होती है

(ब) उनके दोनों अगले दाँत बड़े होते हैं। उनके दाढ़ नहीं होते हैं

(स) उनके केनाइन दाँत नहीं होते हैं। दो बड़े और अगले दाँतों से जगह भर जाती है

469. घोड़ा, गैंडा और टापीर में क्या समानता है?

(अ) इन सबके सींग एकसमान होते हैं, इनमें घोड़े और टापीर के सींग घिस चुके होते हैं

(ब) सभी पत्तियाँ खानेवाले होते हैं

(स) उन सबके पाँव खुरदार होते हैं, तीसरी अँगुली पर ज्यादा वजन रहता है

470. किस जानवर के गोबर में सफेद गेंद जैसी कड़ी चीज होती है, यह पिसी हुई हड्डी से बनी होती है?

(अ) उल्लू (ब) लकड़बग्घा (स) पहाड़ी बकरी

471. ऐसा पाया गया है कि जब भोजन का गंभीर संकट उत्पन्न होता है तो भेड़ियों और जंगली कुत्तों को एक बीमारी हो जाती है?

(अ) रैबीज (ब) मैंगे (स) रिकेट्स

472. सियार का प्रिय फल कौन सा है?

(अ) कटहल (ब) बेर (स) जामुन

उत्तर के लिए कृपया पृष्ठ सं. 162 देखें।

473. भालुओं में उनकी सबसे तेज इंद्रिय कौन सी होती है?

(अ) दृष्टि (ब) घ्राण (स) स्पर्श

474. क्या भालू तैर सकते हैं?

(अ) हाँ (ब) नहीं (स) कुछ भालू तैर सकते हैं

475. भालू की चाल क्या कहलाती है?

(अ) अँगुलिचारी (डिजिटिग्रेड) (ब) पादतलचारी (प्लैंटिग्रेड)

(स) खुरचारी (अंगुलिग्रेड)

476. रीछ का प्रिय आहार कीट कौन सा है?

(अ) मधुमक्खी (ब) दीमक (स) व्याघ्र भृंग

477. विषुवत् रेखा के दक्षिण में भालू की सिर्फ एक प्रजाति पाई जाती है। उसका नाम बताएँ?

(अ) चश्मेवाला भालू *(त्रेमार्कतोस ओर्नातुस)*

(ब) सुस्त भालू *(मेलूर्सुस उर्सिनुस)*

(स) मलाया का सन बीयर *(हेलार्कतोस मलायानुस)*

478. लकड़बग्घा की कौन सी विशेषता प्रसिद्ध है?

(अ) इसकी हँसी जैसी आवाज (ब) गंदगी साफ करने की आदत

(स) इसका पीले रंग का मल

479. निम्नांकित में से कौन सफाई कर्मी है?

(अ) बिज्जू (ब) जंगली कुत्ता (स) लकड़बग्घा

480. रंग और पैटर्न में समानता के कारण धुंधले रंग का जवान तेंदुआ *(नेओफेलिस नेबुलोसा)* देखकर अकसर गलती से इसे क्या समझ लिया जाता है?

(अ) संगमरमरी बिल्ली *(फेलिस मार्मोराता)*

(ब) प्यूमा *(फेलिस कोंकोलोर)*

(स) मछलीमार बिल्ली *(फेलिस विवेर्रिना)*

481. भारत में बिल्ली की कितनी प्रजातियाँ मिलती हैं?

(अ) 6 (ब) 15 (स) 43

482. बिल्ली की मूँछें किस उद्देश्य की पूर्ति करती हैं?

(अ) वे संवेदग्राही स्पर्शेंद्रिय हैं

(ब) वे भोजन को छानने का काम करती हैं

(स) उनका कोई उद्देश्य नहीं है

उत्तर के लिए कृपया पृष्ठ सं. 162 देखें।

483. बिल्लियाँ किस प्रकार चलती हैं?

(अ) पंजों पर (ब) एड़ियों से (स) चपटे पैरों से

484. स्तनधारियों की क्या विशेषता है?

(अ) बच्चों को दूध पिलाने के लिए स्तन होते हैं

(ब) इनके चार पैर होते हैं

(स) इनके निचले जबड़े में एक हड्डी होती है जो सीधे खोपड़ी से जुड़ी होती है

(द) ये अंडे की बजाय बच्चे देते हैं

(य) इनमें आमाशय और आँत से हृदय तथा फेफड़े को अलग करने के लिए डायाफ्राम होता है

(र) इनके बाल होते हैं

485. गो वंश के सभी जीवित जीवों में सबसे बड़ा कौन है?

(अ) भारतीय बाइसन *(बोस गाउरुस)*

(ब) पालतू भैंस *(बुबलुस आर्नेइ बुबलुस)*

(स) अफ्रीकी भैंस *(सिंचेरुस काफ्फेर)*

486. लामा के कितने कूबड़ होते हैं?

(अ) एक भी नहीं (ब) एक (स) दो

487. विशाल पंडा मुख्यत: किस भोजन पर निर्भर करता है?

(अ) अजवायन (ब) रेशम कीट

(स) बाँस की टहनी

488. केनाइन और फेलाइन नस्ल के जीव घास क्यों खाते हैं?

(अ) मांसाहार के पूरक के रूप में (ब) रेचक के रूप में

(स) वमन करने के लिए

489. सिद्धांत रूप में तीन वर्ष में चूहे का एक जोड़ा कितने बच्चे पैदा कर सकता है?

(अ) 33,00,00,000 (ब) 4,50,000 (स) 10,000

490. अब तक ज्ञात प्राचीनतम घोड़े का क्या नाम है?

(अ) इओहिप्पस (ब) हाइराकोथेरस (स) ओफिसॉरस

491. दुनिया में सबसे छोटे घोड़े की नस्ल कौन सी है?

(अ) कैंमार्ग (ब) फालाबेला (स) हैफलिंगर

उत्तर के लिए कृपया पृष्ठ सं. 162 देखें।

492. किस स्तनधारी की आँख के लेंस के एक जगह टिकने की गुंजाइश नहीं होती है, इसलिए फोकस करने के लिए इसे अपने सिर को घुमाना पड़ता है?

(अ) ऊँट (ब) घोड़ा (स) भेड़िया

493. धावक के रूप में कौन सा जानवर ज्यादा ताकतवर होता है?

(अ) चीता (ब) घोड़ा (स) पहाड़ी बकरी

494. खच्चर के बच्चे को क्या कहते हैं?

(अ) यूलकाफ (ब) खच्चर बाँझ होते हैं

(स) खच्चर शावक (म्यूलरफोल)

495. कई रात्रिचर मांसभक्षी जीवों की आँखें अँधेरे में चमकती हैं। यह क्या है और इसके क्या कारण हैं?

(अ) ज्यादा 'कोन' और 'रॉड' के कारण पुतलियाँ बड़ी हो जाती हैं

(ब) टेपेटम की परत रात में प्रकाश परावर्तित करती है

(स) नॉक्टुर्नम रसायन के कारण पुतलियाँ सीधी सिकुड़ जाती हैं, ये रात के अँधेरे में काम करती हैं

496. कोएला भालू मुख्यत: किस भोजन पर निर्भर करता है?

(अ) केंचुआ (ब) शहद (स) यूकेलिप्टस की पत्तियाँ

497. सियार और खरगोश—दोनों में कौन तेज दौड़ता है?

(अ) सियार (ब) खरगोश (स) दोनों बराबर तेजी से दौड़ते हैं

498. पालतू सूअर और मुरगी का बच्चा—दोनों में कौन तेज दौड़ता है?

(अ) सूअर (ब) मुरगी का बच्चा (स) दोनों

499. गाय के आमाशय में कितने कक्ष होते हैं?

(अ) एक (ब) चार (स) छह

500. ड्रोमडेरी (एक प्रकार का ऊँट) के कितने कूबड़ होते हैं?

(अ) एक (ब) दो (स) एक भी नहीं

501. स्तनधारी परिवार का कौन सा सदस्य अंडे देता है?

(अ) नोकदार चींटीखोर (टैकीग्लॉसिडी)

(ब) फैलेंजर (फैलेंजरिडी)

(स) बतखचोंचा (ऑर्निथोरिंचीडी)

502. मार्सुपियल और अतिविकसित गर्भनालीय जानवरों के बीच, थैली के अलावा एक और महत्त्वपूर्ण अंतर होता है। वह क्या है?

उत्तर के लिए कृपया पृष्ठ सं. 162 व 163 देखें।

(अ) मार्सुपियल के पंजे मुड़े, जबकि दूसरे जानवरों के चपटे होते हैं

(ब) मार्सुपियल को उसके जीवन काल में दाँत का एक ही सेट रहता है, जबकि दूसरे जानवरों के दो या दो से अधिक

(स) मार्सुपियल मृत्युपर्यंत वृद्धि करते हैं, जबकि अन्य जानवरों की वृद्धि वयस्क होने पर रुक जाती है

503. लेमिंग (एक प्रकार का चूहा) किस विचित्रता के लिए प्रसिद्ध है?

(अ) ये निश्चित अंतराल पर डूबकर सामूहिक आत्महत्या करते हैं

(ब) समूह की सभी मादाएँ एक साथ बच्चे जनती हैं

(स) हमेशा पहला बच्चा सिर्फ नर से बना होता है

504. निम्नांकित में सबसे बड़ा अस्तित्ववान् कृंतक कौन है?

(अ) बया *(कास्तोर फीबेर)*

(ब) रेगिस्तानी जरबो *(याकुलुस याकुलुस)*

(स) मंगोलियाई मारमॉट *(मार्मोता सिबिरिका)*

505. भारतीय और अफ्रीकी हाथी में क्या-क्या अंतर हैं?

(अ) भारतीय हाथी के कान छोटे होते हैं

(ब) भारतीय हाथी की पूँछ नहीं होती है

(स) भारतीय हाथी का माथा चौड़ा होता है

(द) भारतीय हाथी की सूँड़ के अंत में दो की बजाय एक अँगुली होती है

(य) भारतीय हाथी के पैर बड़े होते हैं

506. बिल्ली परिवार का एकमात्र कौन सा सदस्य अपने पंजे पीछे मोड़ सकता है?

(अ) सर्वल *(फेलिस सेर्वाल)* (ब) चीता *(आचिनोनिक्स युवातुस)*

(स) मारगे *(फेलिस विएदी)*

507. जिराफ की गरदन में कितनी हड्डियाँ होती हैं?

(अ) 23 (ब) 7 (स) 110

508. निम्नांकित में कौन सा जीव सबसे अधिक जीवित रहता है?

(अ) बिल्ली (ब) कुत्ता (स) चूहा

509. सभी स्तनधारियों में किसके बाल सबसे लंबे होते हैं?

(अ) कस्तूरी वृषभ *(ओविबोस मोस्कातुस)*

(ब) याक *(बोस मुतुस)*

(स) पहाड़ी बकरी *(ओरिआम्नुस अमेरिकानुस)*

उत्तर के लिए कृपया पृष्ठ सं. 163 देखें।

510. दरियाई घोड़ा और टापीर की विचित्र विशेषताओं में क्या समानता है?
(अ) अगले पैर में चार उँगली होती हैं, पिछले पैर में तीन
(ब) ये अधिकतर स्थल पर रहते हैं, परंतु मलत्याग पानी में करते हैं
(स) दोनों की नाक लंबी होती है

511. जावा के गैंडे *(रीनोचेरोस सोंदाइकुस)* के मूत्र का रंग कैसा होता है?
(अ) लाल (ब) पीला (स) रंगहीन

512. आपराधिक खोजबीन के लिए पुलिस दल किस कुत्ते का उपयोग करती है?
(अ) लैब्राडोर रिट्रीवर (ब) बुल टेरियर (स) डॉबरमैन पिन्शर
(द) आइरिश वॉल्फहाउंड (य) जर्मन शेफर्ड

513. एक कुतिया का गर्भकाल आमतौर पर कितनी अवधि का होता है?
(अ) 63 दिन (ब) 110 दिन (स) 35 दिन

514. निम्नांकित में कौन-कौन से कथन असत्य हैं?
(अ) शक्कर कुत्ते के पेट में गड़बड़ी पैदा करती है
(ब) कुत्ता मांस के अलावा कुछ नहीं खाता
(स) कुत्ते के भोजन में नमक आँत में गैस बनाता है
(द) कुत्ते मांस के पूरक के रूप में घास खाते हैं

515. नौ पट्टीवाले आर्माडिल्लो *(दासिपुस नोवेंचिंक्तुस)* की जनन संबंधी विशेषता क्या है?
(अ) यह एक वर्ष में सिर्फ एक बार बच्चे पैदा करता है
(ब) यह एक ही जैसे और एक ही लिंगवाले चार बच्चों को जन्म देता है
(स) नर बच्चे मादा की अपेक्षा बड़े होते हैं

516. खरहा और जंगली खरगोश के बीच क्या-क्या अंतर हैं?
(अ) खरगोश छोटा और हलका होता है
(ब) खरगोश मिलनसार होता है, जबकि खरहा एकाकी होता है
(स) खरगोश माँद बनानेवाला होता है, जबकि खरहा जमीन के ऊपर घर बनाता है
(द) खरगोश के कान छोटे होते हैं
(य) खरहा के दौड़ने और कूदने की क्षमता बहुत ज्यादा होती है

517. चिनचिल्ला *(किन्किल्ला लानीजेर)* किस वर्ग से संबंध रखता है?
(अ) रोडेन्शिया (ब) मार्सुपलिया (स) प्राइमेट

उत्तर के लिए कृपया पृष्ठ सं. 163 देखें।

518. ऑस्ट्रेलियाई पूर्वी देसी बिल्ली *(दासिउरुस कुओल्ल)* किससे संबंधित है ?
(अ) कीटभक्षी (इन्सेक्टीवोरस) (ब) मांसभक्षी (कार्निवोरस)
(स) मार्सुपियल्स

519. ताड़ ऊदबिलाव का यह नाम क्यों पड़ा ?
(अ) इसकी त्वचा पर चमकीली ताड़ जैसी डिजाइन बनी होती है
(ब) यह खजूर से बनी ताड़ी पसंद करता है
(स) यह ताड़ (पाम) के पेड़ पर रहता है

520. स्तनधारियों की कितनी प्रजातियाँ पाई जाती हैं ?
(अ) 4,230 (ब) 9,800
(स) 7,516

521. 42 प्रतिशत स्तनधारी किस वर्ग के अंतर्गत आते हैं ?
(अ) कृंतक (रोडेन्शिया)
(ब) खरहा, खरगोश और पिकास (लैगोमोरफा)
(स) पैंगोलिन (फोलिडोटा)

522. किस वर्ग के अंतर्गत 23 प्रतिशत स्तनधारी आते हैं ?
(अ) ह्वेल (सीटासी) (ब) चमगादड़ (चिरोपटेरा)
(स) चींटीखोर, स्लॉथ और आर्मांडिल्लो (इडेनटाटा)

523. गंगा में पाई जानेवाली डॉल्फिन की क्या विशेषता है ?
(अ) यह साधारणतः शाकाहारी होती है
(ब) इसका रंग काला होता है और पंख नहीं होते
(स) यह अंधी होती है

524. निम्नांकित में सबसे भारी जंतु कौन है ?
(अ) सिंह (ब) चीता (स) बाघ

525. सन् 1930 में सुनहरे हैमस्टर को 12 सदस्यों के एक परिवार के रूप में खोजा गया था। यह सबसे लोकप्रिय पालतू जीव है। यह किस देश में खोजा गया था ?
(अ) स्पेन (ब) सीरिया (स) अर्जेंटीना

526. कस्तूरी वृषभ *(ओविबोस मोस्कातुस)* सुदूर उत्तरी टुंड्रा प्रदेश में रहने के बावजूद ठंड से नहीं मरता है। क्यों ?
(अ) इसके शरीर में चरबी की मोटी परत के ऊपर बड़े-बड़े लंबे बाल होते हैं

उत्तर के लिए कृपया पृष्ठ सं. 163 देखें।

(ब) इसका ज्यादातर समय कंदराओं में गुजरता है

(स) सभी स्तनधारियों की अपेक्षा इसके शरीर का तापक्रम ज्यादा होता है

527. कौन सा नर वानर मनुष्य के सबसे निकट है?

(अ) गिब्बन (ब) चिंपांजी (स) ओरांगुटन

528. अमेरिकी केनेल क्लब ने कोकापु नामक कुत्ते की एक नई नस्ल विकसित की है, इसके पूर्वज कौन हैं?

(अ) यह कॉकरस्पैनियल और पूड्ल का संयोग है

(ब) यह कोरगी और पोमेरैनियन का संयोग है

(स) यह कोली और प्वांइटर का संयोग है

529. भारत में कुत्ते की कौन सी नस्ल मान्यता प्राप्त है?

(अ) अफगान हाउंड (ब) रामपुर हाउंड (स) बसेंजी

530. किस देश में बिल्ली सबसे पहले पालतू बनाई गई?

(अ) थाईलैंड (ब) मिस्र (स) चीन

531. एक डॉल्फिन और एक पॉरपॉएज (सूंस) में क्या अंतर है?

(अ) पॉरपॉएज की थूथन मोथरी होती है, जबकि डॉल्फिन की थूथन चोंच जैसी होती है

(ब) दोनों एक ही जानवर हैं

(स) डॉल्फिन को श्रोणीय पंख (पेल्विक फिन) होते हैं, जबकि पॉरपॉएज में नहीं

532. श्रृंगाभ और सींग में क्या अंतर है?

(अ) श्रृंगाभ ठोस होते हैं

(ब) श्रृंगाभ झड़ जाते हैं और प्रत्येक वर्ष फिर से बढ़ते हैं

(स) श्रृंगाभ घुमावदार होते हैं, जबकि सींग सीधे होते हैं

533. 'भारतीय उपमहाद्वीप में एक भी असली खरगोश नहीं पाया जाता है, जो हम देखते हैं वह खरहा है।' क्या यह कथन सत्य है?

(अ) हाँ (ब) नहीं

534. एक मूस और एक चूहे के बीच क्या अंतर है?

(अ) मूस का पहला चर्वण दाँत बड़ा होता है, यह दो अन्य संयुक्त चर्वण दाँतों से बड़ा होता है

(ब) चूहा की तुलना में मूस की पूँछ बहुत लंबी और पतली होती है

उत्तर के लिए कृपया पृष्ठ सं. 163 देखें।

(स) मूस रात में नहीं देख सकता है जबकि चूहा एक रात्रिचर जीव है

535. स्तनधारियों की किस प्रजाति में एक बार में सिर्फ एक ही मादा बच्चे जनती है। बाकी सब शिकार करते हैं और उसके लिए भोजन जुटाते हैं?

(अ) अफ्रीकी जंगली गिलहरी (ब) जंगली कुत्ता या ढोल

(स) चट्टानी मूस

536. कौन सा जानवर जिराफ और जेब्रा का संकर जैसा दिखता है?

(अ) चिली का पुडु *(पुडू पुडू)* (ब) विकुना *(लामा विकुग्ना)*

(स) ओकापी *(ओकापिआ जोहस्तोनि)*

537. स्वैंप डीयर को बारहसिंगा क्यों कहा जाता है?

(अ) बारहसिंगा कीचड़ जैसे भूरे रंग का होता है

(ब) बारहसिंगा दलदली घास खाता है

(स) बारहसिंगा दलदली जमीन पर निवास करता है और कभी-कभी पानी से बाहर भी रहता है

538. सबसे बड़ा भारतीय हिरण कौन सा है?

(अ) सांबर *(चेर्वुस यूनिकोलोर केर्र)*

(ब) चीतल *(एक्सिस एक्सिस)*

(स) बर्बरी हिरन *(चेर्वुस एलाफुस बार्बारुस)*

539. मांसभक्षी अपने दाँतों की वजह से पहचाने जाते हैं, ये कैसे होते हैं?

(अ) ऊपरी जबड़े के आखिर के प्रिमोलर और निचले जबड़े के प्रथम चर्वण (दाढ़) दाँत

(ब) लंबे रदनक दाँत

(स) निचले जबड़े के दूसरे दाढ़

540. निम्नांकित कृंतकों को आकार के अनुसार क्रम में रखें?

(अ) केपीबारा *(हीद्रोकोएरुस हीद्रोकाएरिस)*

(ब) बीवर *(कास्तोर फीबेर)*

(स) पैकाराना *(दिनोमिस ब्रानिकीइ)*

(द) विशाल भारतीय जर्बिल *(तातेरा इंदिका)*

(य) केप जंपिंग हेअर *(पेदेतेस कापेर)*

(र) हिरनामूसा *(पेरोमिस्कुस मानिकुलातुस)*

□

उत्तर के लिए कृपया पृष्ठ सं. 163 व 164 देखें।

पक्षी

541. नर और मादा मैगपी लार्क *(ग्राल्लिना चिआनोलेउका)* आजीवन एक वफादार जोड़े की तरह रहते हैं और प्रतिवर्ष एक ही स्थान का उपयोग करते हैं। इस स्थान की सुरक्षा वे विचित्र तरीके से करते हैं। कैसे?
   (अ) प्रत्येक लार्क सिर्फ अपने ही लिंग के पक्षियों की हिफाजत करता है
   (ब) वे घुसपैठियों पर विष्ठा फेंकते हैं
   (स) वे अपने पैरों से घुसपैठिए पक्षी पर वार करते हैं

542. चिड़िया के बच्चे अंडे का खोल तोड़कर किस प्रकार बाहर निकलते हैं?
   (अ) ये अपनी चोंच से खोल तोड़ते हैं
   (ब) खोल को गलाने के लिए यह अपनी लार का उपयोग करते हैं
   (स) माँ चिड़िया उन्हें बाहर निकालने के लिए आवरण को तोड़ती है

543. जिराफ के साथ किस पक्षी परिवार का सहजीवी संबंध है?
   (अ) ऑक्स-पेकर (ब्युफेगिनी) (ब) ड्रॉन्गोस (डिक्रूरिडी)
   (स) ईग्रेट (आरडिडी)

544. 'वेट माई लिप्स'—यह किस भारतीय चिड़िया की आवाज है?
   (अ) धूसर तीतर *(फ्रांकोलिनुस पोंदिचेरिआनुस)*
   (ब) साधारण बटेर *(कोतुर्निक्स कोतुर्निक्स)*
   (स) धूसर जंगली मुरगा *(गाल्लुस सोन्नेरात्तीइ)*

545. राजगिद्ध *(सार्कोराम्पुस पापा)* का आहार दूसरे गिद्धों से भिन्न है। कैसे?
   (अ) यह इनसानी गंदगी को साफ नहीं करता
   (ब) यह सिर्फ मरे हुए साँप को खाता है

उत्तर के लिए कृपया पृष्ठ सं. 164 देखें।

(स) यह जिंदा जीवों को भी खाता है, जिन्हें यह स्वयं पकड़ता है

546. निम्नांकित में से कौन सा पक्षी डैनों के बिना हिलाए सबसे लंबी दूरी तक उड़ सकता है?

(अ) एंडीयन कॉन्डॉर *(वुल्तुर ग्रिफुस)*

(ब) काला गिद्ध *(कोरागिप्स आत्रातुस)*

(स) केइन चील *(लेप्तोदोन कायानेंसिस)*

547. निम्नांकित में से किस पक्षी की पहचान उसकी सुस्पष्ट पूँछ के पंखों से होती है?

(अ) रंग-बिरंगी चाहा *(रोस्त्रातुला वेंगालेंसिस)*

(ब) सफेद पेटवाला ट्री पाई *(देंदोचित्ता लेउकोगास्त्रा)*

(स) काली पूँछवाला गॉडिट *(लिमोसा लिमोसा)*

548. निम्नांकित चिड़ियों के सामान्य रंग प्रभाव क्या है—गुलाबी सिरवाली बतख, नर जामुनी सनबर्ड और भारतीय नर रॉबिन?

(अ) काला (ब) लाल और श्वेत

(स) गुलाबी और जामुनी

549. हंसावर *(फोएनिकोप्तेरुस रोसेउस)* की चोंच विचित्र ढंग से पीछे की ओर मुड़ी होती है। इसका उपयोग क्या है?

(अ) घुसपैठिए के पाँव पर चोंच मारना

(ब) कीचड़ की तली से सूक्ष्म भोज्य पदार्थ की तलाश करना

(स) पकड़ी गई मछली के लिए थैली की तरह काम करना

550. जोड़ा बनाने के बाद मादा स्वयं को पेड़ की कोटर में बंद कर लेती है। कोटर का प्रवेश द्वार अपनी विष्ठा से बंद करती है। बच्चे जब दो सप्ताह के हो जाते हैं तब अपनी चोंच से कोटर का प्रवेश द्वार तोड़कर बाहर निकल जाती है। यह आदत किस चिड़िया की है?

(अ) हुदहुद (हूपू) (ब) धनेश (हॉर्नबिल) (स) कॉर्नक्रेक

551. चिड़िया को प्रव्रजन के लिए क्या चीज उकसाती है?

(अ) दिन का लंबा होना, जो इसके जननांगों के विकसित होने पर काम करते हैं

(ब) बढ़ती ठंडी। इससे सुरक्षा का कोई उपाय नहीं होता है

(स) लंबी रातें और रात्रिचर शिकारियों में वृद्धि

उत्तर के लिए कृपया पृष्ठ सं. 164 देखें।

552. घरेलू गौरैया आमतौर पर अपने घोंसले में कितनी बार भोजन लाती है?

(अ) 5–10 बार (ब) 50–70 बार (स) 220–260 बार

553. मोरनी की कलगी किस रंग ही होती है?

(अ) धूसर, श्वेत और भूरी (ब) भूरी, श्वेत और हरी

(स) नीली, हरी और भूरी

554. मगरमच्छों से पक्षियों का कई तरह का रिश्ता होता है; खासकर साधारण सैंडपाइपर *(त्रिंगा हिपोलेउकोस)* और काँटेदार पंखोंवाला प्लोवर का। ये पक्षी क्या करते हैं?

(अ) ये मगरमच्छों को खतरे से आगाह करते हैं

(ब) ये उनके शरीर से परजीवियों को चुनते हैं

(स) ये उसे मछलियाँ देते हैं

555. कूकाबर्रा *(दार्चेल्स जिगास)* में कौन सी बात असामान्य है?

(अ) यह एक कौड़िल्ला है, जो मछली नहीं पकड़ता है

(ब) यह तोता है, जिसकी जीभ मुँह के निचले हिस्से से जुड़ी रहती है

(स) यह एक कठफोड़वा है, जो मछलियाँ पकड़ता है

556. कठफोड़वा की जीभ में क्या विशेषता होती है?

(अ) शिकार पकड़ते ही इसकी जीभ सात बार मुड़कर शिकार को चूर-चूरकर देती है

(ब) यह सीधी और कड़ी होती है, इसके छोर पर चिपचिपा पदार्थ लगा होता है

(स) यह इसकी चोंच से चार गुनी बड़ी होती है। इसकी नोक तीखी होती है

557. 'तंदूरी चिड़िया' को इस नाम से क्यों पुकारते हैं?

(अ) ये सिर्फ रेगिस्तान में पाई जा सकती हैं

(ब) ये मिट्टी से अपना घोंसला बनाती हैं, जो सूरज की किरणों से पककर कड़ा हो जाता है

(स) दूसरे पक्षियों की तुलना में इनके शरीर का तापक्रम ज्यादा होता है।

558. मादा वीणा चिड़िया *(मेनुरा सुपेर्बा)* अपना पहला बच्चा अंडे से निकलने के बाद घोंसले की सफाई अनोखे तरीके से करती है। यह क्या करती है?

(अ) वह अपनी सारी विष्ठा खा जाती है

उत्तर के लिए कृपया पृष्ठ सं. 164 देखें।

(ब) अपनी सारी विष्ठा उठाकर निकट के नदी-तालाब में फेंक आती है

(स) सारी विष्ठा उठाकर नर के मुँह में रख देती है, जिसे वह घोंसले से बाहर फेंक आता है

559. पूर्वी अफ्रीका में एक शव को खाने के लिए अकसर काला गिद्ध, आँचल जैसे चेहरेवाला गिद्ध, ग्रिफान, इजिप्शियन और टोपीनुमा गिद्ध जमा होते हैं; पर उनमें सबसे पहले उसे कौन खाएगा, इसकी एक क्रमबद्धता है। वह क्या है?

(अ) ग्रिफॉन, इजिप्शियन, आँचल जैसे चेहरेवाला, काला और टोपीनुमा गिद्ध

(ब) काला, आँचल जैसे चेहरेवाला, ग्रिफॉन, इजिप्शियन और टोपीनुमा गिद्ध

(स) टोपीनुमा, काला, ग्रिफॉन, इजिप्शयन और आँचल जैसे चेहरेवाला गिद्ध

560. अफ्रीकी सेक्रेटरी बर्ड *(सागित्तारिउस सेर्पेंतारिउस)* अपना शिकार किस प्रकार पकड़ता है?

(अ) यह तेज दौड़ता है और अपने पंजों से उसपर झपट्टा मारता है

(ब) यह पत्थरों में छिप जाता है और अपने शिकार पर कूद पड़ता है

(स) यह मुँह में कंकड़ रखकर जमा करता है, फिर इन कंकड़ों से शिकार पर हमला करता है। जब यह भौचक्का होता है तब यह शिकार को पूरा निगल लेता है

561. माले पक्षी *(लेइपोआ ओचेल्लाता)* कंपोस्ट खाद के ढेर के अंदर अपना घोंसला बनाता है। सड़ी हुई सब्जियों के ऊपर अंडे देता है। अंडे को फूटने में आठ माह लगते हैं, तब तक तापक्रम को स्थिर रखने के लिए नर पक्षी कंपोस्ट के ढेर की देख-रेख करता रहता है। इसका तापक्रम कितना होता है?

(अ) 33 डिग्री सेंटीग्रेड (ब) 47 डिग्री सेंटीग्रेड

(स) 21 डिग्री सेंटीग्रेड

562. स्कूआ पक्षी को ध्रुवीय क्षेत्र में डाकू समझा जाता है, क्यों?

(अ) ये दूसरी समुद्री चिड़िया का अंडा चोरी कर खा जाती हैं

(ब) ये अन्य पक्षियों पर हमला करके उन्हें अपना आहार बना लेती हैं

उत्तर के लिए कृपया पृष्ठ सं. 164 देखें।

(स) उनकी आँखों पर भूरे रंग का एक घेरा बना होता है जो उन्हें डाकू की तरह दरशाता है।

563. तोता और टुइयाँ तोता परिवार का सबसे बड़ा सदस्य कौन है?

(अ) पाम काकातुआ *(प्रोविसचिगेर आतेर्रिस्मुस)*

(ब) गिद्ध तोता *(प्सीत्रीकास फुल्गीदुस)*

(स) नीला और पीला मैकॉ *(आरा आराराउना)*

564. नई दुनिया का सबसे विशाल पक्षी कौन सा है?

(अ) रिआ *(रेआ अमेरिकाना)* (ब) एमू *(ड्रोमाइउस नोवेहोल्लान्दिए)*

(स) बड़ा बगला *(दिआत्रिमा फोर्हाकुस)*

565. समुद्री पक्षी 'स्टॉर्म पेट्रेल' का नाम संत पीटर के नाम पर रखा गया है, क्यों?

(अ) यौन क्रिया के दौरान उसकी आवाज 'जी-जुस-मेघ-री' के रूप में निकलती है

(ब) ये पक्षी-जगत् के सबसे अच्छे मछली शिकारी हैं

(स) वे पानी की सतह पर अपने पाँव फिसला सकते हैं, इससे उनके पानी पर चलने का आभास होता है

566. पेलिकन मछली खानेवाला जलपक्षी है। उसकी क्या विचित्रता है?

(अ) उसकी बड़ी चोंच में उसके आमाशय से दो-तीन गुना ज्यादा सामान जमा हो सकता है

(ब) वह कई बार पानी में डुबकी लगा सकती है। डुबकी लगाकर निकलने के बाद भी उसका शरीर सूखा रहता है और उसकी चोंच में कई मछलियाँ होती हैं।

(स) हालाँकि पेलिकन स्वयं तो मछली खाती है, परंतु अपने बच्चों को केंचुआ खिलाती है।

567. जूते जैसी चोंचवाला पक्षी 'शूबिल' *(बालेनिचेप्स रेक्स)* कुदरत की आश्चर्यजनक चीजों में से एक है। इसकी क्या विशेषता है?

(अ) इसकी पूँछ छोटी होती है

(ब) इसकी चोंच जूते की शक्ल की होती है, चोंच का सिर्फ ऊपरी हिस्सा ही घूमता है

(स) इसकी चोंच इतनी भारी होती है कि इसे कई बार अपनी गरदन पर

उत्तर के लिए कृपया पृष्ठ सं. 164 देखें।

टिकानी पड़ती है

568. फिंच कठफोड़वा *(कामारिंकुस पाल्लिदुस)* छिद्र से सुंडी निकालने के लिए किसका उपयोग करता है?

(अ) इसकी लंबी और संकरी चोंच (ब) कैक्टस का काँटा

(स) तेज हुकवाला पंजा

569. किस पक्षी का पंख उड़ने की बजाय तैरने में प्रयुक्त होता है?

(अ) विशाल फुलमर (ब) पेंगुइन (स) रिया

570. बार्बेट पक्षी का नाम ऐसा क्यों रखा गया है?

(अ) इसके कड़े बाल दाढ़ी का रूप ले लेते हैं

(ब) इनकी कलगी बहुत बड़ी होती है

(स) ये सिर्फ बारबाडोस में पाए जाते हैं

571. हॉफिंच *(कोक्कोत्राउस्तस कोक्कोत्राउस्तस)* की क्या विशेषता है?

(अ) यह चेरी और जैतून की गुठली को तोड़ देता है

(ब) यह सिर्फ हॉथॉर्न वृक्ष का फल खाता है

(स) सिर्फ यही शीतकाल में प्रजनन नहीं करता है

572. पूर्वी यूरोप में बच्चे किस चिड़िया के घोंसले को स्लिपर के रूप में इस्तेमाल करते हैं?

(अ) पेंडुलिन टिट *(रेमीज पेंदुलिनुस)*

(ब) सिसकिन *(कार्दुएलिस स्पीनुस)*

(स) मखमल जैसे अग्र भागवाला न्यूथैच *(सित्ता फ्रांतालिस)*

573. दर्जी चिड़िया (ऑर्थोटोमस) अपना घोंसला बनाने के लिए पत्तों को किस चीज से सीती है?

(अ) सूखी घास (ब) मकड़ी का जाल (स) ताजा घास

574. पक्षियों के दाँत नहीं होते हैं। पाचन के पूर्व उनका भोजन कहाँ तोड़ा जाता है?

(अ) पेषणी (गिजार्ड) में (ब) गले में (स) आमाशय में

575. कौन सी चिड़िया हमलावरों को गुमराह करने के लिए अपनी आवाज बदल सकती है?

(अ) ग्रेब्स (पोडिसिपिडीफॉर्म्स) (ब) बिटर्न (सिकोनिफॉर्म्स)

(स) कैसोवरी (कैसुवरीफॉर्म्स)

576. किस समूह के पक्षी पानी में गिरने के लिए पहले पानी की सतह के पास

उत्तर के लिए कृपया पृष्ठ सं. 164 व 165 देखें।

एक-दूसरे को धक्का देकर संतुलन बिगाड़ते हैं?

(अ) हवासिल (पेलिकनीडी) (ब) गोताखोर पेट्रेल (पेलिकेनोइडिडी)

(स) पेंगुइन (स्फेनिसिडी)

577. कौन सी चिड़िया अपने सिर को किसी भी दिशा में 180 अंश में घुमा सकती है?

(अ) उल्लू (स्ट्रीगिडी) (ब) नीलकंठ (कोरेसिडी)

(स) छपका (कैपरिमुलगिडी)

578. किस पक्षी को उसकी शारीरिक विशिष्टताओं के कारण ऊँटपक्षी (कैमलबर्ड) कहा जाता है?

(अ) कैनवास बैक पोचार्ड *(आइतिआ वालिसनेरिआ)*

(ब) शुतुरमुर्ग *(स्त्रूतिओ कामेलुस)*

(स) मैग्निफिसेंट फ्रिगेटबर्ड *(फ्रेगाता माग्निफिचेंस)*

579. भारत में किस पक्षी की पूजा पारिवारिक एकता एवं निष्ठा के प्रतीक के रूप में की जाती है?

(अ) बया या जुलाहा पक्षी *(प्लोचेउस फिलिप्पीनुस)*

(ब) किरमिजी रंग के सिरवाला सारस *(ग्रुस आंतिगोने)*

(स) डिमॉएसेल सारस *(आंत्रोपोइदेस विर्गो)*

580. भारत की सबसे अच्छा गानेवाली चिड़िया कौन सी है?

(अ) शमा *(कोप्सिकुस मलाबारिकुस)*

(ब) फुटकी *(प्रिनिआ सबफ्लावा)*

(स) मलाबार की सीटी बजानेवाली बाम्कार *(मीओफोनोउस होर्सफील्दीइ)*

581. मिस्र का गिद्ध *(नेओफ्रोन पेर्क्नोप्तेरुस)* शुतुरमुर्ग का अंडा खाता है। यह अंडे के कड़े खोल को किस प्रकार तोड़ता है?

(अ) यह उसपर अपनी चोंच से तब तक वार करता है जब तक अंडा टूट न जाए

(ब) यह अंडे को चोंच में उठाता है और उड़ने के दौरान जमीन पर गिरा देता है

(स) यह अपनी चोंच में पत्थर रखता है और उसे अंडे पर तब तक मारता है जब तक अंडा टूट न जाए

582. कौन सा पक्षी 'उड़नेवाला मणि' (फ्लाइंग जीवेल) कहलाता है? इस सदी

उत्तर के लिए कृपया पृष्ठ सं. 165 देखें।

की शुरुआत में उनमें से हजारों पक्षी मार डाले गए थे। उनके पंखों का उपयोग महिलाओं के आभूषणों में किया जाता था।

(अ) हमिंग बर्ड (ट्रॉकिलिडी) (ब) तीतर (फेसिएनिनी)

(स) तोता (सिटासिफॉर्मस)

583. पक्षियों की सबसे कमजोर इंद्रिय कौन सी होती है?

(अ) स्वादेंद्रिय (ब) श्रवणेंद्रिय (स) घ्राणेंद्रिय

584. सबसे लंबा भारतीय पक्षी कौन सा है?

(अ) सारस *(ग्रुस आंतिगोने)*

(ब) हर्गिला गरुड़ *(लेप्तोप्तिलोस दुबिउस)*

(स) दंड सदृश सिरवाला हंस *(आंसेर इंदिकुस)*

585. भारतीय पक्षियों में किस पक्षी के पंखों का फैलाव सबसे ज्यादा होता है?

(अ) विशाल कुकू लहटोरा *(कोराचिना नोवेहोल्लांदिए)*

(ब) हिमालय का दाढ़ीवाला गिद्ध (लैमरजीअर)

(स) नारंगी रंग की चील *(आकुइला रापाक्स)*

586. भारतीय पक्षियों में सबसे अच्छा बोलनेवाला किसे माना जाता है?

(अ) ब्रेनफीवर पक्षी *(कुकुलुस वारिउस)*

(ब) क्वेकर बैबलर *(आलचिप्पे पोइओइचेफाला)*

(स) पहाड़ी मैना *(ग्राकुला रेलिजिओसा)*

587. निम्नांकित में से भारत की सबसे आम चिड़िया कौन सी है?

(अ) घरेलू कौआ *(कोर्वुस स्पलेंदेंस)*

(ब) घरेलू गौरैया *(पास्सेर दोमेस्तिकुस)*

(स) चीखनेवाला उल्लू *(तीतो आल्बा)*

588. सबसे पहले ज्ञात पक्षी का क्या नाम है?

(अ) एनपसिडा (ब) आर्कियोपटैरिक्स (स) सॉरोपटेरिजिया

589. उस एकमात्र पक्षी का नाम बताएँ जिसकी चोंच की ऊपरी और निचले, दोनों हिस्से घूमते हों?

(अ) तोता (ब) गिद्ध (स) बाज

590. पक्षी शुरू में एक-दूसरे को किस इंद्रिय के द्वारा पहचानते हैं?

(अ) दृष्टि (ब) घ्राण (स) ध्वनि

591. अफ्रीकी हनीगाइड पक्षी *(इंडीकातोर इंदीकातोर)* शहद के मोम का प्रेमी

उत्तर के लिए कृपया पृष्ठ सं. 165 देखें।

होता है, पर यह मधुमक्खी के छत्ते को तोड़ नहीं सकता है। इसके लिए वह क्या करता है?

(अ) यह पेड़ की टहनी को हिलाता है, जब तक कि छत्ता टूट न जाए

(ब) यह बिज्जू को छत्ते की तरफ लाता है

(स) यह बाहरी हिस्से में चोंच मारकर मक्खियों को परेशान करता है ताकि वे छत्ते को छोड़ दें

592. एक पक्षी के नर और मादा दोनों में से कोई एक 95 फीसदी गानेवाला होता है। कौन है यह?

(अ) नर (ब) मादा (स) कोई नहीं

593. बाज पालनेवालों के स्वर्णिम युग में किसे 'लेडीज हॉक' कहा जाता था?

(अ) लाल सिरवाला बाज *(फालको चिकुएरा)*

(ब) डार्क चैंटिंग गोसहॉक *(मेलिएराक्स मेताबातेस)*

(स) शाहीन *(फाल्को पेरेग्रिनुस पेरेग्रिनातोर)*

594. नर गिद्ध रात में अपनी गरदन अपने डैनों में फँसाकर क्यों रखता है?

(अ) अपने शरीर के सबसे नाजुक अंग को बचाने के लिए

(ब) ताप ह्रास को कम करने के लिए

(स) सुरक्षा के अहसास को बढ़ाने के लिए

595. लहटोरा को कसाई पक्षी (बुचरबर्ड) क्यों कहा जाता है?

(अ) खाने की क्षमता से ज्यादा मात्रा में शिकार करता है और उसे यूँ ही पड़ा छोड़ देता है

(ब) यह बाद में खाने के लिए शिकार को जमा करके रखता है

(स) यह अन्य पक्षियों में अपना शिकार बाँट देता है

596. पेड़वाला बतख (ट्री डक) यह नाम क्यों पड़ा?

(अ) यह उष्णकटिबंधीय जंगल के तालाबों में रहता है और भोजन के लिए पेड़ के फलों एवं अन्य वनस्पतियों पर निर्भर करता है

(ब) यह पेड़ पर अपना घोंसला बनाता है

(स) इसके पंख हरे और सफेद होते हैं

597. किस पक्षी का शिकार करना शिकारियों के लिए सबसे आसान था? इसके बारे में कहावत है कि चीनी लोग अपना हाथ गरम करने के लिए इसका उपयोग करते थे।

उत्तर के लिए कृपया पृष्ठ सं. 165 देखें।

(अ) चीनी बटेर *(कोतुर्निक्स कीनेन्सिस)*

(ब) चीन का तालाबवाला बगला *(आर्देओला बाक्कुस)*

(स) चीन का छोटा बिटर्न *(इक्सोब्रिकुस सिनेंसिस)*

598. शुतुरमुर्ग कंकड़ क्यों खाते हैं ?

(अ) भोजन को पीसकर पचाने के लिए

(ब) घोंसला बनाते वक्त वे जमीन में चोंच से छेद करते हैं, इसकी सफाई करने के दौरान कंकड़ खाते हैं

(स) कैल्सियम प्राप्त करने के लिए

599. सभी घरेलू मुरगों का पूर्वज किस पक्षी को माना जाता है ?

(अ) लाल जंगली मुरगा *(गाल्लुस गाल्लुस)*

(ब) हरा जंगली मुरगा *(गाल्लुस वारिउस)*

(स) जावा का जंगली मुरगा (स्कोलोपाक्स सातुराता)

600. किंग एंपरर पेंगुइन अनोखे ढंग से अपने अंडे सेता है। किस प्रकार ?

(अ) अंडे को गरम रखने के लिए लगातार अपनी साँस उसपर छोड़ता है

(ब) अपने पंखों के अंदर तब तक अंडे को रखता है जब तक कि फूट न जाएँ

(स) ठंडी जमीन से बाहर उसे अपने पाँवों के बीच पकड़कर रखता है

601. कौन सा पक्षी परिवार अपने अंडों को सुरक्षा के लिए दूसरे पक्षियों के घोंसले में छोड़ आता है ?

(अ) असली कोयल (ब) काला कौआ (रैवेन) (स) रोड रनर

602. पक्षियों की हड्डियाँ खोखली क्यों होती हैं ?

(अ) उन्हें हलका बनाने के लिए

(ब) अतिरिक्त भोजन जमा करने के लिए

(स) साँस द्वारा ली गई हवा को जमा करने के लिए

603. हिमालय की लैमरगीय गिद्ध *(जिपेतुस बार्बातुस)* अन्य गिद्धों से किस रूप में भिन्न है ?

(अ) यह जिंदा शिकार पकड़ता है

(ब) यह सिर्फ अस्थि और अस्थिमज्जा खाता है

(स) यह अपने आहार के पूरक के रूप में घास और पौधे खाता है

(द) इसकी गरदन और सिर पर पंख होते हैं

उत्तर के लिए कृपया पृष्ठ सं. 165 देखें।

(य) यह चील जैसा दिखता है

604. बड़े जानवरों के शिकार कर पाने की योग्यता के लिए किस पक्षी को 'बाज पालनेवालों का सपना' माना जाता है?

(अ) प्रेयरी बाज *(फाल्को मेक्सिकानुस)*

(ब) सुनहरी चील *(आकुइला क्रिसाएतोस)*

(स) पुरानी दुनिया का केस्ट्रेल *(फाल्को तिन्नून्कुलुस)*

605. भारतीय पक्षी '*आक्रिदोतेरेस त्रिस्तिस*' इतने मजे में टिड्डियों को खाता है कि उसे टिड्डी नियंत्रण के लिए मॉरीशस भेजा गया। यह कौन सा पक्षी है?

(अ) समुद्री चील (कोरमोरैंट)

(ब) परी नील पक्षी (फेयरी ब्लूबर्ड)

(स) साधारण मैना

606. उल्लुओं की खाने की आदत बड़ी विचित्र होती है, कैसी होती है यह?

(अ) ये सिर्फ अँधेरे में खाते हैं

(ब) ये पूरा शिकार निगल जाते हैं, फिर अनपचे हिस्से को गोली के रूप में निकाल देते हैं

(स) ये सिर्फ घुमंतू शिकार पर हमला करते हैं

607. आवाज निकालने के लिए पक्षियों का एक विशेष अंग होता है। इसे क्या कहते हैं?

(अ) ऑडियर (ब) ऑर्थोलैरिंक्स (स) सिरिंक्स

608. रेडियो के आगमन के पूर्व सुदूर इलाकों में खबर भेजने के लिए भारतीय पुलिस संचार विभाग किस पक्षी का उपयोग करता था?

(अ) कबूतर (ब) चील (स) अबाबील

609. 'डिड यू डू इट' यह किस पक्षी की पुकार है?

(अ) पवित्र बुज्जा *(त्रेस्किओर्निस एतिओपिका)*

(ब) लाल रंग की, लटकी हुई गरदनवाली टिटहरी *(वानेल्लुस इंदिकुस)*

(स) भारतीय ओपेनबिल *(अनास्तोमुस ओसितांस)*

☐

उत्तर के लिए कृपया पृष्ठ सं. 165 व 166 देखें।

सरीसृप

610. क्या कछुआ अपने खोल को ज्यादा बढ़ जाने पर फेंक देता है और बदल देता है ?
(अ) खोल आवरण नहीं बल्कि इसके कंकाल का एक हिस्सा है
(ब) कछुआ अपने पूरे जीवन में औसतन तीन बार खोल उतारता है
(स) समुद्र के निकट रहनेवाले कछुए मछली मारने के दौरान अपना खोल उतार फेंकते हैं। जमीनी कछुए अपना खोल नहीं फेंकते हैं

611. रैट्ल स्नेक का रैट्ल कहाँ होता है ?
(अ) पूँछ के छोर पर (ब) मुँह के अंदर (स) फण पर

612. इगुना कुल के सदस्य महागिरगिट (बैसिलिस्क) की क्या विशेषता है ?
(अ) यह अपने पलक नहीं झपकाता है और अपने से बड़े आकार के शिकार को मोहित कर लेता है
(ब) यह न सिर्फ जमीन बल्कि पानी पर भी दौड़ता है
(स) यह अपनी केंचुल नहीं उतारता है

613. घरेलू छिपकली (गीको) दीवारों और छतों पर किस प्रकार दौड़ती है ?
(अ) इसके गद्दीदार पाँव में अतिसूक्ष्म हुक कोशिकाएँ होती हैं जो दीवारों के सूक्ष्मतम उबड़-खाबड़पन को जकड़ लेती हैं
(ब) इसके गद्दीदार पाँव दीवार या छत की सतह को जकड़ने की कोशिश करते हैं
(स) इसके गद्दीदार पाँव से एक चिपचिपा पदार्थ निकलता है, जो सतह से चिपकने में मदद करता है

उत्तर के लिए कृपया पृष्ठ सं. 166 देखें।

614. टोके *(गेको गेको)* एशिया की सबसे ज्यादा नामी गेको है। इसकी पुकार 'गीक-ओ' या 'टो-के' को घर के लिए शुभ शकुन माना जाता है; मगर यह आवाज नर या मादा दोनों में से कौन निकालता है?

(अ) नर (ब) मादा (स) दोनों ही

615. मगरमच्छ की जीभ की क्या विशेषता है?

(अ) जीभ के छोरों पर महीन दाँत होते हैं

(ब) यह सिरे पर दो शाखाओं में बँटी होती है

(स) यह मुँह की तली से जुड़ी होती है

616. सर्प का शिकार करनेवाले बहुत कम ही जीव होते हैं। सबसे प्रमुख जीव कौन सा है?

(अ) नेवला (ब) चील (स) जंगली कुत्ता

617. क्या नाग (कोबरा) के नाचने के लिए सपेरों का बीन बजाना जरूरी होता है?

(अ) नहीं, साँप बहरे होते हैं। वे बीन के हिलने को खतरा समझकर दाएँ-बाएँ हिलते हैं

(ब) हाँ, जंतु-जगत् में सर्प संगीतप्रिय होते हैं

(स) साँप को बीन को हिलता देखकर लहराने की जरूरत नहीं होती है, बल्कि इसका फण जब खड़ा होता है तो यह स्वत: लहराता है

618. मगरमच्छ और एलिगेटर में क्या अंतर है?

(अ) एलिगेटर काले रंग का होता है और इसकी थूथन पतली होती है, जबकि मगरमच्छ का रंग हलका भूरा होता है और इसकी थूथन मोटी होती है।

(ब) एलिगेटर के ऊपरी दाँत नीचे के दाँतों को घेर लेते हैं, जबकि मगरमच्छ का मुँह बंद होता है तो उसके निचले दाँत दिखाई देते हैं

(स) एलिगेटर की पूँछ की लंबाई उसके शरीर की लंबाई की आधी होती है। मगर की पूँछ की लंबाई उसके शरीर के बराबर होती है

619. निम्नांकित में हेमाड्रयाड कौन है?

(अ) मिस्र का कोबरा (ब) पट्टीवाला करैत

(स) थूकनेवाला कोबरा

620. अस्तित्ववान सर्प समूहों में किसे सबसे बुद्धिमान् माना जाता है?

उत्तर के लिए कृपया पृष्ठ सं. 166 देखें।

(अ) रैट्लवाला पिट वाइपर *(क्रोटेलस)* (ब) नाग *(नाजा)*

(स) पफ एडर्स *(बितिस)*

621. मगरमच्छ के बच्चे जब बालू के अंदर दबे अंडे से निकलते हैं तो बालू से ऊपर किस प्रकार आते हैं?

(अ) ये अंडे के खोल को तोड़ते हैं और बालू के बाहर निकलने के लिए अपनी थूथन से छेद बनाते हैं

(ब) ये अपनी माँ को पुकारते हैं, जो बालू खोदती है और अंडे को तोड़ती है

(स) नर मगर अपनी थूथन से अंडा तोड़कर इन्हें बाहर निकालता है

622. मगरमच्छ अंडों से निकले नवजात बच्चों की झिल्लियाँ तुरंत क्यों खा जाते हैं?

(अ) अपने कैल्सियम की पूर्ति के लिए

(ब) शिकारियों के आकर्षण से बचने के लिए

(स) वे बच्चों के मुँह में उनके पहले आहार के रूप में वमन कराने के लिए इनको इनको डालते हैं

623. पिट वाइपर नाम किस प्रकार पड़ा?

(अ) वे छिद्रों और गड्ढों में रहते हैं

(ब) उनके आँख और नथुनों के बीच छेद होते हैं, जो ताप संवेदी होते हैं, ताकि उष्णरक्तीय शिकार को भी रात में देख पाएँ

(स) उनकी त्वचा पर बनी हलकी व गहरी डिजाइन छिद्र जैसी लगती है

624. सरीसृपों की कितनी जीवित जातियाँ जानकारी में हैं?

(अ) 11,592 (ब) 5,175 (स) 34,720

625. कुल सरीसृप आबादी का 94 प्रतिशत किस वर्ग से आते हैं?

(अ) स्कुआमाटा (ब) क्रोकोडिलिया

(स) रिनकोसिफैलिया

626. सर्प के फेफड़े में कौन सी विचित्र बात होती है?

(अ) बायाँ फेफड़ा बहुत छोटा होता है और दायाँ फेफड़ा बहुत बड़ा

(ब) इनमें फेफड़ा होता ही नहीं

(स) वे समानांतर नहीं होते, बल्कि एक-दूसरे के नीचे होते हैं

627. गीको, एगामा और इगुआना स्कुआमाता कुल के अंदर छिपकलियों और

उत्तर के लिए कृपया पृष्ठ सं. 166 देखें।

सर्पों में विशेष गठजोड़ होता है। ये किस रूप में जाने जाते हैं?

(अ) परिग्राही पूँछवाली छिपकलियाँ

(ब) माँद बनानेवाली छिपकलियाँ

(स) मोटी जीभवाली छिपकलियाँ

628. क्या साँप के दाँत होते हैं?

(अ) हाँ (ब) नहीं (स) कुछ सर्पों के दाँत होते हैं

629. बच्चे जननेवाली छिपकली *(लाचेर्ता विविपारा)* की क्या विशेषता है?

(अ) बच्चे जनने के तुरंत बाद उनमें से आधे से अधिक बच्चों को अपना आहार बना लेती है

(ब) यह अंडे भी देती है और बच्चे भी जनती है

(स) यह बालू में अपना सिर गाड़कर सोती है

630. भारत का कौन सा सर्प है जिसे छेड़ने पर वह खतरनाक हो जाता है?

(अ) बिल्ली सर्प (कॉमन कैट स्नेक)

(ब) अंधा सर्प (कॉमन ब्लाइंड स्नेक)

(स) नकली मूँगा सर्प (फॉल्स कोरल स्नेक)

631. साधारण करैत साँप पूरे भारतीय उपमहाद्वीप में पाया जाता है। उत्तर पूर्व में इसकी संख्या कम है। यहाँ एक जानवर इसका शिकार करता है और खा जाता है, कौन हैं यह?

(अ) पट्टीदार करैत साँप *(बुंगारुस फासिआतुस)*

(ब) ऊदबिलाव *(चिनोगाल बेन्नेत्तिइ)*

(स) काले पाँव वाला फेरेट *(मुस्तेला नीग्रीपेस)*

632. गीको रेगिस्तान में चलने में किस प्रकार सक्षम होता है?

(अ) रात को ठंड में ही यह रेत पर चल सकता है। दिन में यह बिल के अंदर रहता है

(ब) इसके पाँव में गद्दे होते हैं। यह ताप संवेदी नहीं होता है

(स) इसके पाँव जालवत् होते हैं

633. क्रोमैटोफोरस नामक विशेष कोशिकाएँ गिरगिट (चैमेलियन) के लिए क्या करती हैं?

(अ) ये रंग बदलने में मदद करती हैं

(ब) इसकी गरदन ग्रंथि को बढ़ाती हैं

उत्तर के लिए कृपया पृष्ठ सं. 166 देखें।

(स) स्पष्ट देखने में इसकी मदद करती हैं

634. जब क्रॉमेटोफोर कोशिकाएँ बड़ी हो जाती हैं तो गिरगिट पर इसका क्या प्रभाव पड़ता है?

(अ) शरीर पर कई रंग दिखाई देते हैं

(ब) शरीर पर कम रंग दिखाई देते हैं

(स) यह अँधेरे में देख सकता है

635. गेहुँअन (कोबरा) की बड़े पैमाने पर की जा रही हत्या भारत के पारिस्थितिक और कृषि के लिए संकट क्यों है?

(अ) कोबरा कुछ पौधों के संकरण में मदद करता है

(ब) कोबरा कृंतकों की आबादी को नियंत्रित करता है

(स) कोबरा कुछ पक्षियों का मुख्य आहार है जो संकरण में मदद करते हैं

636. घड़ियाल *(गाविआलिस गांगेतिकुस)* और मगरमच्छ की अन्य दो प्रजातियों में क्या भिन्नता है?

(अ) यह दिन में दो बार खाता है

(ब) यह मुख्यत: शाकाहारी है

(स) यह सिर्फ मछली खाता है

637. किस हानि रहित सर्प को अकसर गलती से कोबरा समझ लिया जाता है? इसे पकड़ने पर यह गरजता है और अपने शरीर को ऐंठ लेता है।

(अ) चूहा खानेवाला सर्प *(एलाफे ओब्सोलेता)*

(ब) भोथरे सिरवाला व पेड़ पर रहनेवाला साँप *(इनांतोदेस चेन्कोआ)*

(स) सूअर के जैसी नाकवाला साँप *(हेतेरोदोन नासिकुस)*

638. किस जीव से साँप की उत्पत्ति हुई है?

(अ) आर्माडिल्लो (ब) छिपकली (स) वर्मफिश

639. जब सर्प अपना केंचुल उतारता है तो निम्न में से और क्या-क्या उतरता है?

(अ) आँख का खोल (आईकैप) (ब) दाँत

(स) विषदंत (द) जीभ का छोर

(य) विष ग्रंथि

640. दुनिया में एकमात्र ऐसा कौन सा सर्प है जो घोंसला बनाता है?

(अ) भाले के आकारवाला, रेतवाला अजगर *(ईरिक्स याकुलुस)*

(ब) हरे लत्तरवाला साँप *(ओक्सीबेलिस फुल्गीदुस)*

उत्तर के लिए कृपया पृष्ठ सं. 166 देखें।

(स) किंग कोबरा *(ओफिओफागुस हन्ना)*

641. मुंबई के हाफकिन संस्थान में किस जीवित जीव का उपयोग सर्पदंश रोधी बनाने के लिए किया जाता है?

(अ) गाय (ब) घोड़ा (स) सूअर

642. सबसे विशाल प्रागैतिहासिक कछुआ *'कोलोस्सोकेलिस आत्लास'* कहाँ रहता था?

(अ) भारत (ब) सेशेल्स (स) चीन

643. कोलुब्रिड सर्प अकसर अद्भुत रूप से परिवर्तित रूप में पाए जाते रहे हैं, यह क्या है?

(अ) दो सिर के साथ; हर सिर स्वतंत्र रूप से काम करता है

(ब) दाँत के साथ

(स) अल्बिनो रंग के साथ

644. सर्प का सबसे बड़ा परिवार कौन सा है?

(अ) बोएड समूह के अजगर, बोआ और एनाकोंडा

(ब) इलैपिड समूह के कोबरा और समुद्री सर्प

(स) कोलुब्रिड समूह के छल्लेदार और मुलायम सर्प

645. केंचुल छोड़ते समय सर्प की त्वचा पहले कहाँ से फटती है?

(अ) होंठ के चारों ओर (ब) पूँछ के अंत में

(स) आँख के ऊपर

□

उत्तर के लिए कृपया पृष्ठ सं. 167 देखें।

दुनिया में समाई एक और दुनिया

646. पिस्सू (फ्ली) के कितने पंख होते हैं?

(अ) चार (ब) छह (स) एक भी नहीं

647. भृंगहिरन *(लुकानुस चेर्वुस)* का यह नाम कैसे पड़ा?

(अ) नर का जबड़ा कड़े सींग के रूप में बड़ा हो गया, जिससे ये एक-दूसरे से लड़ते हैं

(ब) नर सिर्फ दूसरे नर के साथ समूह में घूमते हैं

(स) ये शाकाहारी होते हैं

648. प्राचीन ग्रीकवासी किस कीड़े से बचने के लिए प्रतिवर्ष एक बैल की बलि देते थे, इस आशा से कि ये उनपर हमला नहीं करेंगे?

(अ) घरेलू मक्खी *(मुस्का दोमेस्तिका)*

(ब) भेड़वाली जूँ *(लिनोग्नातुस ओविल्लुस)*

(स) पेपर बर्रे *(पोलिस्तेस कनादेंसिस)*

649. एक तितली के कितने जोड़े पंख होते हैं?

(अ) दो (ब) चार (स) छह

650. एक घरेलू मक्खी की कितनी आँखें होती हैं?

(अ) दो साधारण आँखें (ब) दो संयुक्त आँखें

(स) दो साधारण और दो संयुक्त आँखें

651. मधुमक्खी अपना डंक कहाँ रखती है?

(अ) अपनी सूँड़ में (ब) अपने दूसरे जोड़ी पंखों के अंदर

(स) पेट के अंदर

उत्तर के लिए कृपया पृष्ठ सं. 167 देखें।

652. भौंरे (लेडीबर्ड) कितने रंगों के होते हैं?

(अ) पीला और लाल (ब) पीला, लाल और काला

(स) लाल और काला

653. एक छत्ते में कितनी रानी मक्खियाँ होती हैं?

(अ) एक (ब) दो (स) चार

654. कीटों के कितने प्रकार हैं?

(अ) 33 (ब) 42 (स) 29

655. झींगुर किस प्रकार की आवाज निकालता है?

(अ) हाइपोफैरिंक्स नामक बड़े स्वर यंत्र से

(ब) पैर का एक हिस्सा आगे के पंख के साथ रगड़ने से

(स) पिछले पंखों को एक साथ रगड़ने से

656. पिस्सू किस प्रकार चलते हैं?

(अ) रेंगकर (ब) कूदकर (स) उड़कर

657. 'लेपिडोप्टेरा' शब्द का क्या अर्थ होता है और निम्नांकित पहचान किस समूह के कीट की है?

(अ) कठोर पंख; भृंग और घुन

(ब) शल्की पंख; तितली और शलभ

(स) झालर पंख; थ्रिप्स

658. रक्त चूषक कीटों के लार की क्या विशेषता होती है?

(अ) यह मेजबान को परजीवी भेजता है

(ब) इसमें थक्का न जमने देनेवाली चीज होती है

(स) इसमें एंटिहाइस्टेमिन होता है

659. मच्छर का प्रमुख आहार क्या है?

(अ) मानव रक्त (ब) गंदगी (स) पौधों का पराग

660. किसने यह खोज की कि मच्छर रोगों के वाहक होते हैं। इस रोग की पहचान किसके रूप में हुई?

(अ) डॉ. स्टेनली लिविंग्स्टन—मलेरिया

(ब) सर पैट्रिक मैनसन—फाइलेरिएसिस

(स) मेरी क्यूरी—टाइफस

661. किस कीट की संगीत की लय के आधार पर आप डिग्री फॉरेनहाइट में

उत्तर के लिए कृपया पृष्ठ सं. 167 देखें।

तापमान बता सकते हैं?

(अ) झींगुर (ग्रिलीडी) (ब) ततैया (वेस्पिनी)

(स) अग्निमक्खी (लैंपाइरिडी)

662. अंडे के बाद इल्ली आता है, तब तितली आती है। अंडे और सिकाडा के बीच कौन सी स्थिति होती है?

(अ) निंफ (ब) लार्वा (स) अंडे देना

663. एक तिलचट्टे की कितनी आँखें होती हैं?

(अ) दो संयुक्त और तीन साधारण आँखें

(ब) चार संयुक्त आँखें (स) दो साधारण आँखें

664. कौन सा कीट मनुष्य की तुलना में 100 गुना ज्यादा विकिरण सहन कर सकता है और 126 जीएस के गुरुत्व पर भी सामान्य रह सकता है, जबकि मनुष्य सिर्फ 18 जीएस पर?

(अ) श्रमिक मधुमक्खी *(आपिस मेल्लिफेरा)*

(ब) तिलचट्टा (ब्लैटेरिया)

(स) हरक्यूलीज भृंग *(दिनास्तेस तीतुस)*

665. किस कीट के द्वारा प्लेग फैलता है?

(अ) अनोफलीज मच्छर *(ओनोफेलेस बिफुर्कातुस)*

(ब) चूहे के पिस्सू *(क्सेनोप्सिल्ला केओपिस)*

(स) घोड़ा मक्खी *(ताबानुस बोविनुस)*

666. सबसे बड़ा लेपिडोप्टेरन कौन है?

(अ) दक्षिण अमेरिकी उल्लू सदृश शलभ *(तिसानिआ आग्रिप्पिन्ने)*

(ब) बाज सदृश शलभ *(दिलेफिला एल्पेनोर)*

(स) हरक्यूलीज सम्राट् शलभ *(कोस्सिनोचेरा हेर्कुलेस)*

667. रानी मधुमक्खी नर और श्रमिक मक्खियों के अंडों के अंतर को किस प्रकार पहचानती है?

(अ) उनकी गंध से (ब) उनके आवरण की मोटाई से

(स) उनके आकार से

668. किस परिवार के कीट को वयस्क होने में दो से तीन वर्ष लगते हैं। मगर उनके वयस्कों की उम्र अकसर एक दिन ही होती है?

(अ) टिड्डा (ऑर्थोप्टेरा) (ब) मे-मक्खी (इफेमेरोप्टेरा)

उत्तर के लिए कृपया पृष्ठ सं. 167 देखें।

(स) सिकाडा (होमोप्टेरा)

669. किस कीट के हमले के बाद, घुटनों से रक्त निकलने पर कौन सा कीट मरने का बहाना करता है?

(अ) लेडीबर्ड भृंग (कॉक्सीनेलीडी)

(ब) पोमेस मक्खी (ड्रोसोफिलीडी)

(स) ड्राइनिड्स (ड्राइनीडी)

670. यदि सामान्य वातावरण में एक कीट चमकीले रंग का है और चित्ताकर्षक दिखता है तो शेष जानवर इससे क्या नतीजा निकालते हैं?

(अ) यह जहरीला है और खाने के योग्य नहीं है

(ब) यह किसी और माहौल से यहाँ आया है। यहाँ का निवासी नहीं है

(स) इसे खाने में कोई परेशानी नहीं है

671. कीटों में बेटेसियन मिमिक्री क्या है ?

(अ) अपने घोंसले तक पहुँचाने के लिए जब कोई कीट बड़े कीट की नकल रंगों में करता है

(ब) सुरक्षा उपायों के रूप में जब एक हानि रहित प्रजाति एक हानिकर प्रजाति की नकल करती है

(स) जब एक कीट अन्य दूसरी प्रजातियों के समान गंध फैलाता है

672. कीटों में मुलेरियन मिमिक्री क्या है?

(अ) जब दो नुकसानदेह प्रजातियाँ एक ही रंग पैटर्न अपनाती हैं

(ब) जब गैर नुकसानदेह प्रजाति नुकसानदेह प्रजाति के हमलों की प्रणाली की नकल करती है

(स) भृंग प्रजातियों की एक समान रंग प्रणाली

673. कीटों की किस प्रजाति में भोजन ढोनेवाले श्रमिक को छत्ते में घुसने से पहले प्रहरी को पास प्रतीक देना होता है?

(अ) मधुमक्खी (ब) चींटी (स) दीमक

674. फोर्मिका चींटी अन्य जीवों को मवेशियों की तरह रखती है, उन्हें दुहती है, उन्हें चारों तरफ घुमाती है, उनके लिए आश्रय बनाती है और उन्हें चराती है—ये जीव क्या हैं?

(अ) एफिड (एफिडी)

(ब) गोल कैरियन भृंग (लायोडिडी)

उत्तर के लिए कृपया पृष्ठ सं. 167 देखें।

(स) नर वानर की जूँ (पेडिकुलिडी)

675. मधुमक्खी सिर्फ छह रंगों को पहचान सकती है। ये रंग कौन–कौन से हैं?

(अ) पराबैंगनी (ब) बैंगनी

(स) नीलापन (द) किरमिजी

(य) पीला (र) नीला

(ल) धूसर श्वेत (व) गुलाबी

676. टिड्डे (लोकस्ट) नए इलाके की तरफ क्यों आव्रजन करते हैं?

(अ) ज्यादा रुचिकर भोजन के लिए

(ब) ज्यादा आबादी

(स) नए इलाके में शिकारियों की कम संख्या होने के कारण।

677. किस इंद्रिय के कारण मादा मच्छर नर मच्छर के प्रति आकर्षित होती है?

(अ) श्रवणेंद्रिय (ब) दृष्टि (स) घ्राणेंद्रिय

678. एक मध्यम आकार के पक्षी को मारने के लिए किस तितली के पास पर्याप्त जहर होता है?

(अ) बादशाह तितली *(दानाउस प्लेक्सिपुस)*

(ब) जमुहाँ, प्रिवेट हॉकमॉथ *(स्फिन्क्स लिंगुस्त्री)*

(स) स्पैनिश मक्खी *(लित्ता वेसिकातोरिआ)*

679. अपने पूरे जीवनकाल में एक रानी मधुमक्खी कितने अंडे देती है?

(अ) 1,500,000 (ब) 200,000 (स) 40,000

680. रेशमकीट का इल्ली *'बोम्बिक्स मोरी'* किस वृक्ष की पत्तियाँ खाता है?

(अ) आम (ब) शहतूत (स) चीनी जुजुबे

681. किताबों को खानेवाला सबसे आम और घरेलू कीट का क्या नाम है?

(अ) रजत मत्स्य (ब) तिलचट्टा

(स) कपड़ों में लगनेवाला कीड़ा (मॉथ)

682. फायरफ्लाई (लैंपाइरिडी) की चमक किस कारण से होती है?

(अ) इनके पंखों के एक–दूसरे से घर्षण करने के कारण

(ब) इसके पेट पर लगे लुसिफरीन नामक पदार्थ के कारण

(स) इसकी संयुक्त आँखों के परावर्तन के कारण

683. ग्लोवर्म चमक क्यों पैदा करता है?

(अ) साथी को आकर्षित करने के लिए

उत्तर के लिए कृपया पृष्ठ सं. 167 देखें।

(ब) अँधेरे में रास्ता ढूँढ़ने के लिए

(स) शिकारियों को चेतावनी देने के लिए

684. 'फ्ली सर्कसों' में पिस्सुओं का उपयोग किया जाता था। छल्लों के अंदर उनसे छलाँगें लगवाई जाती थीं, छोटी 'नर्तकी' गुड़िया को पकड़कर घुमवाते थे। इस काम के लिए नर या मादा दोनों में से किसी एक का उपयोग किया जाता था, किसका?

(अ) नर (ब) मादा (स) ऐसा नहीं होता था

685. कुटकी (माइट) के कितने पैर होते हैं?

(अ) छह (ब) चार (स) आठ

686. कौन सा कीट पीठ की ओर से ऊपर की तरफ तैरता है?

(अ) पानी में लंबे डग भरनेवाला (गेरिडी)

(ब) पानी पर दबे पाँव चलनेवाला (मेसोवेलिडी)

(स) नाविक (कोरिक्सिडी)

687. घरेलू मक्खी का जीवनकाल कितनी अवधि का होता है?

(अ) 17 दिन (ब) 45 दिन (स) 10 महीने

688. कौन सा मच्छर मनुष्य को काटता है?

(अ) नर (ब) मादा (स) दोनों

689. डेथ हेड हॉकमॉथ *(आकेरोन्तिआ आत्रोपोस)* कभी-कभी बिना सूचित किए मधुमक्खी के छत्ते में चुपके-चुपके घुस जाता है। यह ऐसा किस प्रकार करता है?

(अ) इसके पंखों के आंतरिक भाग का रंग मधुमक्खी जैसा ही होता है, इसलिए यह अपने पंखों को उठा देता है

(ब) रानी मधुमक्खी की आवाज की नकल करता है

(स) यह पराग से स्वयं को ढक लेता है

690. स्टाइलॉप्स समूह के कीटों के द्वारा मधुमक्खी और बर्रे समेत कई कीट समूह परजीवी बना लिये जाते हैं। स्टाइलॉप्स के हमले के बाद मादाओं का क्या होता है?

(अ) वे धीरे-धीरे कमजोर होकर ठप हो जाते हैं

(ब) वे नर के रूप में बदल जाते हैं

(स) वे मर जाते हैं

उत्तर के लिए कृपया पृष्ठ सं. 168 देखें।

691. निम्नांकित में से कौन सा जीव भी मलेरिया वेक्टर से मलेरिया ग्रस्त होता है?

(अ) मुरगा (ब) बंदर (स) सूअर

692. कौन सी मक्खी आमतौर पर कसाईखाने में पाई जाती है?

(अ) ग्रीनबॉट्ल मक्खी *(लुचिलिआ केसार)*

(ब) घरेलू मक्खी *(मुस्का दोमेस्तिका)*

(स) अस्तबल मक्खी *(स्तोमोक्सिस कालचित्रांस)*

693. सिल्वरफिश का पसंदीदा आहार क्या है?

(अ) सड़ी हुई लकड़ी (ब) स्टार्च और शुगर (स) सड़े हुए पौधे

694. सिर के जूँ *(पेदिकुलुस हुमानुस कापितिस)* से कौन सी बीमारी फैलती है?

(अ) बार-बार आनेवाला बुखार (ब) तंद्रिक ज्वर

(स) पीतज्वर (द) मलेरिया (य) फीलपाँव

695. मधुमक्खियों को मारनेवाला बर्र *(फीलांतुस त्रिआंगुलुम)* अपने शिकार को जान से मारने की बजाय निस्तेज कर देता है, इसे अपने बिल में ले जाता है, इसपर अंडे देता है और जब इससे बच्चे निकलते हैं तो उन्हें यही शिकार खाने के लिए देता है। यह शिकार कौन सा है?

(अ) सेवक मक्खी (बॉम्बिनी) (ब) मधुमक्खी (एपिनी)

(स) डंकहीन मधुमक्खी (मेलिपोनिनी)

696. कौन सा मांसभक्षी कीट अन्य कीटों का शिकार उनकी छोटी-से-छोटी चीजों की नकल करके करता है? उन्हें अकसर मच्छर या चिपकनेवाला कीट समझ लिया जाता है।

(अ) कवचधारी खटमल (पेंटाटोमिडी)

(ब) घात लगानेवाला खटमल (फाइमैटिडी)

(स) हत्यारा खटमल (रेडुविडी)

697. अजैव कीट क्या हैं?

(अ) वे कीट जो शीतकाल में निर्जीव हो जाते हैं

(ब) वे कीट जो उष्णकटिबंधीय क्षेत्र में रहते हैं

(स) वे कीट जो पीछे की ओर चल सकते हैं

698. जब बर्रों के छत्ते को छेड़ा जाता है तो ये सबसे पहले क्या करते हैं?

(अ) श्रमिक बर्रें नर बर्रों को मार डालते हैं

(ब) बर्रों का एक छोटा समूह रानी को सुरक्षित बाहर निकाल लाता है

उत्तर के लिए कृपया पृष्ठ सं. 168 देखें।

(स) वे अंडों और लार्वा को पालते हैं

699. जब एक मधुमक्खी छत्ते में लौटती है तब ये 8 की आकृति बनाकर नाचते हैं। कोण और लय क्या दरशाते हैं?

(अ) इसके द्वारा ढोए हुए पराग का स्रोत और दूरी

(ब) शिकारियों की उपस्थिति

(स) उसे पराग मिला अथवा नहीं

700. मक्खियों और मच्छरों के जैव नियंत्रण में किस कीट की महत्त्वपूर्ण भूमिका होती है?

(अ) जलभृंग (गाइरिनीडी) (ब) ड्रेगन मक्खी (एनिसॉप्टेरा)

(स) श्वेत मक्खी (एलिरोडिडी)

701. चीन में किन प्रजातियों की 'कीट लड़ाई' लोकप्रिय है? इनपर बड़े-बड़े सट्टे लगाए जाते हैं?

(अ) हस्तबद्धकीट, मैंटिस *(मांतिस रेलिजिओसा)*

(ब) हरक्यूलीज भृंग *(दिनास्तेस तितीउस)*

(स) कॉकचैफर *(मेलोलोंता मेलोलोंता)*

702. चींटियों की कॉलोनी में हनीपॉट चींटियों की क्या भूमिका होती है?

(अ) वे अपने पेट में एफिड से निकले पौष्टिक द्रव को जमा करती हैं

(ब) वे कॉलोनी के मधुकक्ष में जमा मधु की प्रभारी होती हैं

(स) वे रानी चींटी को खिलाने-पिलाने के लिए जिम्मेवार होती हैं

703. वह कौन सा कीट है जो अपने शिकार का रक्त चूसने से पहले उसे बेहोश करता है?

(अ) काटनेवाला बौना मच्छर (सेराटोपोगोनिडी)

(ब) मच्छर (क्यूलिसिडी)

(स) भैंसवाला डाँस (सिमुलिडी)

704. किस कीट की कॉलोनी में एक राजा, एक रानी, सैनिक और श्रमिक होते हैं?

(अ) चींटी (ब) दीमक (स) मधुमक्खी

705. मक्खियाँ इनमें से कौन-कौन सी बीमारियाँ फैलाती हैं?

(अ) हैजा (ब) कोढ़

(स) मियादी बुखार (द) मोतीझरा

(य) पॉस (चर्म रोग) (र) क्षय रोग

उत्तर के लिए कृपया पृष्ठ सं. 168 देखें।

(ल) पोलियो (व) सूखा रोग

706. चींटीसिंह (आंटलायन) (मिरमेलियोनिडी) अपने शिकार को किस प्रकार पकड़ता है?

(अ) यह गड्ढा खोदता है, उसमें रेंगकर जाता है और चींटी के उसके अंदर गिरने का इंतजार करता है

(ब) यह पेड़ के पीछे छिप जाता है और हिरण की गरदन पर उछलकर चिपक जाता है

(स) यह सर्प का पीछा करता है, उसे सिर के पीछे से पकड़ता है

☐

उत्तर के लिए कृपया पृष्ठ सं. 168 देखें।

मकड़ी-वंशी

707. बिच्छू मुख्यत: रेगिस्तानी जीव हैं। इनके पूर्वज क्या थे?
   (अ) समुद्री जीव (ब) उष्णकटिबंधीय जंगल के जीव
   (स) आर्कटिक जीव

708. कौन सी मकड़ी अपनी आँखों का रंग बदल सकती है?
   (अ) उछलनेवाली मकड़ी (एट्टिड्स)
   (ब) जलीय मकड़ी (लाइकोसिड्स)
   (स) जुलाहा मकड़ी (आर्गियोपिड्स)

709. एक प्रजाति की मकड़ी मछली का शिकार करती है। अकसर पानी के नीचे जाकर मिनो मछली पकड़ती है। यह कौन सी मकड़ी है?
   (अ) उछलनेवाली मकड़ी *(साल्तीकुस स्केनीकुस)*
   (ब) लकड़ी के कुंदेवाली मकड़ी *(दोलोमेदेस फिंब्रिआतुस)*
   (स) भेड़िया मकड़ी *(पिसाउरा मीराबिलिस)*

710. मकड़ी के उस अंग का क्या नाम है जिससे जाल बनाने के लिए रेशम निकलता है?
   (अ) वेब्स्टर (ब) थ्रेडरी (स) स्पिनरेट

711. सोलपुगिडा या हवाई बिच्छू छोटे (1–5 सेमी.) होते हैं, लेकिन सभी एरैक्निडों की सबसे ज्यादा बर्बरता छोटे पक्षियों और छिपकलियों पर उसके द्वारा किए गए हमले में दिखती है। उसके विशाल जबड़े असाधारण होते हैं। कैसे?
   (अ) हालाँकि जबड़े दंतहीन होते हैं, मगर वे उस्तरे की भाँति

उत्तर के लिए कृपया पृष्ठ सं. 168 देखें।

धारदार होते हैं

(ब) वे जोड़े में होते हैं और ऊपर से नीचे की ओर काटते हैं

(स) एक बार बिच्छू उन्हें अपने शिकार में जकड़ लेता है तो वे उस जगह कैद हो जाते हैं

712. एक मकड़ी के कितने पैर होते हैं?

(अ) आठ (ब) छह (स) चार

713. निम्नांकित में से कौन समुद्री मकड़ी-वंशी है?

(अ) राज केकड़ा *(लिमुलुस पोलीफेमुस)*

(ब) स्टार बार्नेकल *(क्तामालुस स्तेल्लातुस)*

(स) समुद्री द्विप *(फूनिकुला कुआद्रांगुलारिस)*

714. एक मकड़ी को कीट क्यों नहीं कहा जाता है?

(अ) इसकी दो की बजाय चार आँखें होती हैं

(ब) यह अपने शिकार पर सीधा हमला करने की बजाय उसे पकड़ने के लिए जाल बुनती है

(स) इसकी छह की बजाय आठ टाँगें होती हैं

715. कानखजूरा (सेंटीपीड) और सहस्रपाद (मिलिपीड) में क्या अंतर है?

(अ) कानखजूरा के 100 पैर होते हैं और सहस्रपाद के भी 1000 पैर होते हैं

(ब) सहस्रपाद की तुलना में कानखजूरा बहुत बड़े होते हैं

(स) कानखजूरा के प्रत्येक खंड में एक जोड़ी पैर होते हैं और सहस्रपाद के प्रत्येक खंड में दो जोड़ी

716. स्लग और घोंघे किस प्रकार साँस लेते हैं?

(अ) अपनी त्वचा के द्वारा (ब) अपने नथुनों के द्वारा

(स) फेफड़े के द्वारा, यह शरीर के बाहर की ओर खुलता है

717. जलीय घोंघे मछलीघर (एक्वेरियम) के लिए क्यों उपयोगी होते हैं?

(अ) वे मछलीघर के किनारों के शैवालों को खाकर उनकी वृद्धि को नियंत्रित करते हैं।

(ब) वे मछलियों के लिए जीवित प्रोटीन-आहार का काम करते हैं

(स) उनके खोल मछलियों के लिए कैल्सियम उपलब्ध कराते हैं

☐

उत्तर के लिए कृपया पृष्ठ सं. 168 देखें।

सूक्ष्म जीवी

718. चीनी यकृतपर्णकृमि मनुष्य में किस प्रकार प्रवेश करता है?
   (अ) अधपके सूअर के मांस से (ब) कच्ची मछली से
   (स) शूकित से (आइस्टर)
719. फीताकृमि अपने मेजबान के रूप में किसका उपयोग करता है?
   (अ) सूअर (ब) हंस (स) मवेशी
720. किस कृमि के कारण अंकुशकृमि होता है, जो रक्ताल्पता और मंदबुद्धि का भी कारण होता है?
   (अ) निकेटर (ब) एनीलिडा (स) कामटोजोआ
721. केंचुए का कंकाल क्या कहलाता है?
   (अ) कोनुलाटा (ब) रेडियाटा (स) इसका कंकाल नहीं होता
722. किस एककोशकीय जीव के कारण अतिसार होता है?
   (अ) कोनोट्रिका (ब) सीलोमाटा (स) एंटअमीबा
723. किस एककोशकीय जीव के कारण सोने की बीमारी होती है और इसका वाहक कौन है?
   (अ) पॉलीमॉरफोसोन—क्यूलेक्स मच्छर
   (ब) ट्राइपैनोसोम—सी-सी मक्खी
   (स) इंटोडिनियोमोर्फा—चूहे का पिस्सू
724. किस एककोशकीय जीव के कारण मलेरिया होता है?
   (अ) सिलिया (ब) प्लाजमोडियम (स) बैलेंटीडियम
725. आर्थ्रोपॉड्स के बाहरी कड़े आवरण क्या कहलाते हैं?

उत्तर के लिए कृपया पृष्ठ सं. 168 देखें।

(अ) उपचर्म (ब) शेल (स) कंकाल

726. एककोशकीय जीव क्या कहलाते हैं?

(अ) प्रोटोजोआ (ब) ट्राइपैनसोमा (स) अमीबा

727. अमीबा किस प्रकार चलता है?

(अ) यह लहराता है, सूडोपोडिया को आगे की ओर धकेलता है और पिछले हिस्से को खींचता है

(ब) इसका फ्लैजेला पीछे की ओर लक्ष्य करता है और धक्का लगाता है

(स) यह चलता नहीं है, बल्कि खारे या मीठे जल में तैरता है

728. कूटपाद (सूडोपोडिया) क्या है?

(अ) चिपकनेवाली स्पर्शिकाएँ, जो पानी में सूक्ष्म जीवों को पकड़ती हैं

(ब) अमीबा की छोटी उँगली जैसा प्रक्षेपक

(स) कैल्सियम युक्त प्लेटलेट, जो गतिशील होते हैं

729. चॉक किस जीव से निर्मित होता है?

(अ) एककोशकीय ग्लोबिगेरिना परिवार के शंख से

(ब) फैरेट्रोनिडा कुल के कैल्सियम युक्त स्पॉन्ज से

(स) प्लेटिक्टेनिडी कुल के संघनित कॉम्ब जेलीफिश के कंकाल से

730. निम्नांकित में से कौन सा माइक्रोब वनस्पति की बजाय जीव है?

(अ) प्रोटोजोआ (ब) बैक्टीरिया (स) माइकोप्लाज्मा

731. *लिमाक्स मािक्समुस* नामक घोंघा की लचीली जीभ पर कितने दाँत होते हैं?

(अ) 40,000 (ब) 28 (स) 620

732. केंचुए जमीन में बिल किस प्रकार बनाते हैं?

(अ) खुदाई की मिट्टी निगलकर

(ब) अपने शरीर को फैला और सिकोड़कर

(स) अम्ल छोड़कर, जो मिट्टी को घुला देते हैं

733. चौड़े कृमि (फ्लैटवर्म) को काटने पर क्या होता है?

(अ) यह मर जाता है

(ब) प्रत्येक आधा हिस्सा एक नया फ्लैटवर्म बन जाता है

(स) मृत्यु के पूर्व यह रंग बदल लेता है

734. अंमीबा प्रजनन कैसे करता है?

(अ) स्वनिषेचन से (ब) द्विआधारी विखंडन से

उत्तर के लिए कृपया पृष्ठ सं. 169 देखें।

(स) लैंगिक समागम से

735. नर और मादा में किन केंचुओं की संख्या ज्यादा है?

(अ) नर (ब) मादा

(स) किसी की नहीं, केंचुआ उभयलिंगी है। □

उत्तर के लिए कृपया पृष्ठ सं. 169 देखें।

मछली

736. गुहाफिश *(नोमाकेइलुस स्मिति)* का अनूठापन क्या है?
(अ) इसके बाह्य अंग नहीं होते हैं (ब) यह बहरी होती है
(स) यह अंधी होती है

737. किस मछली के चार हृदय और एक नथुना होता है? उसका न पेट होता है, न जबड़े। वह मृत जानवरों के सड़े-गले मांस को खाती है।
(अ) डायन मछली (मिक्सिनिडी) (ब) स्टिंग्रे (डेस्याटिडी)
(स) गल्पर ईल (यूफैरिनगिडी)

738. दक्षिण अमेरिका की बिजलीवाली ईल *(इलेक्ट्रोफोरुस इलेक्ट्रिकुस)* कितने जोर का झटका मारती है?
(अ) 50 वोल्ट (ब) 100 वोल्ट (स) 500 वोल्ट

739. हेरिंग कुल (क्लुपिफार्म्स) की क्या विशेषता है?
(अ) रजत शल्क आसानी से उतर आते हैं
(ब) लंबे-तीखे, सूई जैसे दाँत
(स) पैडल के आकार की थूथन

740. हड्डी जैसी जीभवाली मछलियों (ऑस्टोग्लॉसीफॉर्म्स) और समुद्री कैटफिश, दोनों की बच्चे जनने की प्रणाली में एक विशेष समानता है। यह क्या है?
(अ) प्रजनन के दौरान मादा अपने पेट पर उगे स्पंज सदृश स्पर्शिकाओं के गुच्छों पर अपने अंडे फँसा देती हैं
(ब) नवजात बच्चों के अंडों से बाहर आने तक मछलियाँ मुँह या गरदन में अंडे सेती हैं

उत्तर के लिए कृपया पृष्ठ सं. 169 देखें।

(स) नर मछलियों की पूँछ से जुड़ी छोटी थैलियों में अंडे लटका देती हैं

741. टोड (भेक) मछलियों (थैलेसोफ्राइन) का यह नाम क्यों रखा गया है?

(अ) वे पकड़े जाने पर मेढक की तरह टर्राती हैं

(ब) उनके पूरे शरीर पर गूमड़ निकले होते हैं

(स) शिकार पकड़ने के लिए उनके पास सिकोड़ लेनेवाली लंबी-पतली जीभ होती है

742. बिटरलिंग (रोडियस) मछली बिलकुल असामान्य स्थान पर अंडे देती है। कहाँ?

(अ) मीठे पानी के सीप के आवरण के अंदर

(ब) समुद्री घोड़े की थैली के अंदर

(स) गरदन के छेद के अंदर

743. सबसे बड़ी समुद्री फ्लैटफिश कौन सी है?

(अ) हेलिबुट (प्लूरॉनेक्टिडी) (ब) स्कैल्डफिश (बोथिडी)

(स) बक्सा मछली (ऑस्ट्रेसियॉनटिडी)

744. लैंप्री (एक प्रकार की सर्प मछली) की क्या विशेषता है?

(अ) यह मछली जगत् की खलनायिका है। यह मेजबान मछली का रक्त चूसती है

(ब) यही एकमात्र मछली है जो हमला होने पर रंग बदलती है

(स) यही एकमात्र मछली है जिसका पूरा शरीर चमकता है

745. कौन सी मछली अपने पूरे शरीर का स्वाद ले सकती है?

(अ) कैटफिश (सिलुरिफॉर्म्स) (ब) सालमन (सालमोनीफॉर्म्स)

(स) कॉडफिश (गैडियोफॉर्म्स)

746. किस मछली के शल्क नहीं होते हैं? इसका जन्म पिता की कंगारू जैसी थैली में अंडों से होता है। यह भ्रमित करने के लिए रंग बदलती है। इसका नाम एक स्थलीय जीव के नाम पर रखा गया है?

(अ) समुद्री घोड़ा (हिप्पोकैंपस)

(ब) दो पट्टियोंवाली किली *(आफिओसेमिओन विवित्तातुम)*

(स) मंदारिन मछली *(सिन्किरोपुस स्प्लेंदिदुस)*

747. कौन सी भारतीय मछली अपनी थूथन से लकड़ी की नाव पर हमला करती है?

उत्तर के लिए कृपया पृष्ठ सं. 169 देखें।

(अ) तीर जैसे दाँतोंवाली हेलिबुट *(आतेरेस्तेस एवेरमान्नि)*

(ब) पट्टियोंवाली मार्लिन *(तेत्राप्तुरुस ब्रेविरोस्त्रिस)*

(स) रेतवाली व्याघ्र शार्क *(ओदोम्तास्पिस ताउरुस)*

748. कौन सी एकमात्र मछली अपना घोंसला बनाती है?

(अ) स्टिकलबैक्स (गैस्टेरोस्टीफॉर्म्स)

(ब) गहरे समुद्रवाली गिलहरीनुमा मछली (ऑस्टिकथाइस)

(स) डोरीस (जीफॉर्म्स)

749. एंग्लर फिश का यह नाम क्यों रखा गया?

(अ) जब तक शिकार नहीं पकड़ लेती तब तक घंटों मृतवत् गतिहीन पड़ी रहती है

(ब) शिकार पकड़ने के लिए इसके मुँह के ऊपर लटकती एक छड़ के सिरे पर एक चमकता हुआ तारा होता है

(स) यह अपने मुँह को खुला रखती है और अपनी लाल जीभ लपलपाती रहती है। शिकार इस लपलपाती जीभ को अकसर कृमि समझकर मुँह के अंदर घुस जाता है

750. फ्लैटफिश को बाईं आँखवाला फ्लाउंडर क्यों कहते हैं?

(अ) चूँकि इसकी सिर्फ एक आँख होती है

(ब) चूँकि दोनों आँखें सिर के बाईं ओर स्थित होती हैं

(स) चूँकि यह सिर्फ एक ही आँख से देख सकती है

751. कौन सी मछली खतरा भाँपने पर हवा और पानी निगलकर गुब्बारे की भाँति अपना शरीर फुला लेती है और मरने का नाटक करती है?

(अ) बोअर मछली (कैपरोइडी) (ब) पफर मछली (टेट्राओडोंटीडी)

(स) ट्रू गोबी (गोबिनी)

752. पीसेस शब्द से एक ही कुल की मछली का निर्धारण होता है। यह क्या है?

(अ) बोनीफिश (ऑस्टिकथाइस)

(ब) शार्क, रे और चीमेरस (कॉन्ड्रिक्थाइस)

(स) हैगफिश और टेरास्पिड (टेरास्पिडोमोर्फा)

(द) लैंप्री और सेफालेस्पिड (सेफालास्पिडोमोर्फी)

753. उष्णकटिबंधीय अफ्रीका की एलिफैंटफिश का यह नाम क्यों पड़ा?

(अ) इसकी सूँड़ जैसी लंबी थूथन के कारण

उत्तर के लिए कृपया पृष्ठ सं. 169 देखें।

(ब) यह वहाँ की सभी स्थानीय मछलियों से बड़ी होती है

(स) यह धूसर रंग की होती है

754. कॉड, मैकरील, प्लेस और पिलकाड्‌र्स जो अंडे देती है, वह तैरती है। यह किस प्रकार होता है?

(अ) अंडे पानी से ज्यादा हलके होते हैं

(ब) अंडे में तेल की बूँदें होती हैं जो इसे प्लवनशील बनाती हैं

(स) अंडे राफ्ट की शक्ल में एक-दूसरे से मजबूती से बँधे होते हैं

755. मरमेड का पर्स क्या है?

(अ) शार्क जैसी मछलियों द्वारा दिए अंडे को रखने का पात्र। यह समुद्री शैवाल से जुड़ा होता है

(ब) किकलिड कुल की एक मछली

(स) क्लाउन लोच *(बोतिआ माक्राकांता)* की अंडे रखनेवाली थैली।

756. कुछ मछलियों में पृष्ठीय पंख परिवर्तित हो गए हैं। ये किस उद्‌देश्य की पूर्ति करते हैं?

(अ) अपने काँटे के जरिए विष स्थानांतरित करना

(ब) शिकार को आकर्षित करने के लिए चारे का काम करना

(स) चलने-फिरने के काम में प्रयुक्त होनेवाले एक अंग के रूप में

757. तारा मछली किस प्रकार की मछली है?

(अ) यह एक मछली नहीं बल्कि काँटों जैसी त्वचावाला समुद्री जीव (इकाइनोडर्माटा) है

(ब) यह विद्युत्-रे (टॉरपीडिनॉएडी) है

(स) यह स्टारगेजर मछली के यूरेनोस्कोपिडी कुल से संबंध रखती है

758. फ्लैटफिश कुल की कौन सी मछली खतरा भाँपते ही अपने शरीर पर शतरंजनुमा पैटर्न बना लेती है?

(अ) प्लैस (ब) बाईं आँखवाली फ्लाउंडर

(स) स्कैल्डफिश

759. भारत के पश्चिमी तटों पर पाई जानेवाली डॉक्टर फिश का यह नाम क्यों पड़ा?

(अ) यह अन्य मछलियों के मुँह से परजीवियों और संक्रमित ऊतकों की सफाई करती है

उत्तर के लिए कृपया पृष्ठ सं. 169 देखें।

(ब) बड़ी मछलियाँ इसे पाचक के रूप में खाती हैं

(स) इसकी गरदन पर स्टेथेस्कोप की आकृति का निशान होता है

760. भारत में पाई जानेवाली मीठे पानी की अधिकतर मछलियाँ एक ही कुल से संबंध रखती हैं। यह क्या है?

(अ) कार्प (सिप्रिनिडी) (ब) डॉगफिश (स्काइलियोराइनीडी)

(स) सोल्स (सोलीडी)

761. दक्षिणी और उत्तर-पूर्वी भारत में खाई जानेवाली लोकप्रिय मछली लंबे समय तक पानी से बाहर रहकर लंबी दूरी तक घास के मैदानों की यात्रा करती है। इस मछली का क्या नाम है?

(अ) चढ़ाई करनेवाली कवई *(अनान्बास तेस्तुदिनेउस)*

(ब) समुद्री घोड़ा *(हिप्पोकांपुस कुदा)*

(स) बटरफ्लाई गरनार्ड *(पारात्रिग्ला वानेस्सा)*

762. कौन सी मछली कमल की पत्तियाँ, केले के छिलके, उबले चावल, टमाटर और खर-पतवार पसंद करती है? दरअसल, इसे कूड़े-कचरे और शैवालों से भरे तालाबों के लिए जैव नियंत्रक समझा जाता है?

(अ) रजत सालमन *(ओंकोरिंकुस किसूत्स)*

(ब) विशाल गौरामी *(ओस्फ्रोनेमुस गोरामी)*

(स) दूधिया मछली *(कानोस कानोस)*

763. निम्नांकित में से कौन एकमात्र भारतीय एनाड्रोमस (अंडा देने के लिए समुद्र से नदी में जानेवाली) मछली है?

(अ) बोनिटो *(सारदा ओरिएंतालिस)*

(ब) तैलीय सार्डाइन *(सार्दिनेल्ला लोंगिचेप्स)*

(स) हिलसा *(हिल्सा हिल्सा)*

764. कौन सी मछली मानसून के दौरान पश्चिमी भारत के धान के खेतों में पाई जाती है?

(अ) नीली लिंग *(मोल्वा एलोंगाता)*

(ब) छोटे मुँहवाला ग्रंट *(हेमुलोन क्रिसार्गिरेउम)*

(स) लोच *(लेपिदोचेफालिक्तिस हेर्मालिस)*

765. एनाड्रोमस मछली क्या है?

(अ) प्रजनन के लिए समुद्र से नदी में जानेवाली मछली

उत्तर के लिए कृपया पृष्ठ सं. 169 व 170 देखें।

(ब) खतरा भाँपते ही रंग बदलनेवाली मछली

(स) मछली की वह प्रजाति जिसमें नर अंडे सेता है

766. मच्छरों के लार्वा के लिए कौन-कौन सी मछली जैविक नियंत्रण का काम करती हैं?

(अ) मिनो (ब) किल्ली मछली

(स) स्टर्जियन

767. सिर्फ लार्वानाशी प्रवृत्ति के लिए किस मछली को दक्षिण अमेरिका से भारत में लाया गया था?

(अ) छिपकली मछली *(सिनोदुस वारिएगातुस)*

(ब) ब्लैक स्वैलोअर *(किस्मोदांन नीजेर)*

(स) मच्छर मछली *(गांबूसिआ आफ्फिनिस होलब्रोओकी)*

768. भारत के पूर्वी और पश्चिमी तटों पर पाई जानेवाली कौन सी मछली का गलफड़ा तो होता है, पर उसका कोई काम नहीं है? यह अपने वक्षीय पंख की मदद से बालू पर चलती है और पौधों की टहनियों पर आराम करती है?

(अ) सोल्स (सोलीडी)

(ब) कीचड़ में उछलनेवाली (गोबिडी)

(स) गनेल (फोलिडिडी)

769. छोटे आकारवाली कार्प क्या कहलाती है?

(अ) मिनो (ब) कैपुलेट (स) कैप्सूल

770. मीठे पानीवाली भारतीय कवई मछली चंदानामा और चंदारंगा ग्लासफिश या एक्स-रे फिश क्यों कहलाती है?

(अ) उनके शरीर के ऊतक पारदर्शी होते हैं और उनकी हड्डियाँ दृश्यमान होती हैं

(ब) मछली के सरस के निर्माण के लिए जरूरी अवयव उनके शरीर के चूर्णमय सार से मिलता है

(स) सूर्य की रोशनी में उनकी चमकदार शल्कें इंद्रधनुषी रंग की दिखाई देती हैं

771. जहरीली मछली (पॉएजनस) और विषदंशवाली मछली (वेनमस) में क्या अंतर है?

उत्तर के लिए कृपया पृष्ठ सं. 170 देखें।

(अ) जहरीली मछली खाने में नुकसानदेह होती है; विषदंशवाली मछली जब काटती है तब जहर फैलता है

(ब) जहरीली मछली तभी जहर छोड़ती है जब उसपर हमला होता है, परंतु विषदंशवाली मछली अपने शिकार का पीछा करती है

(स) विषदंशवाली मछली की तुलना में जहरीली मछली का विष कम हानिकारक होता है

772. भारत में व्यापक स्तर पर कौन सी मछली खाई जाती है?

(अ) पॉमफ्रेट (ब) भेटकी (स) ट्राउट

773. इसका चूषक मछली या रिमोरा नाम क्यों पड़ा?

(अ) यह समुद्री एनीमोन का एक परजीवी है

(ब) यह बड़े समुद्री जीव से जुड़ी रहती है और उसके मुँह से छूटकर बची मछलियों के टुकड़े खाती है

(स) यह चूषक सदृश मुँह के जरिए शिकार को इसके अंदर खींचती है

774. भारत में कछुओं को पकड़ने के लिए चूषक मछली का उपयोग किस प्रकार किया जाता है?

(अ) चूषक मछली को मारकर उसके अंदर हलका जहर भर दिया जाता है, फिर उसे कछुओं के चारे के रूप में रखते हैं

(ब) उन्हें एक कतार के रूप में बाँधकर समुद्र में छोड़ दिया जाता है, जब ये कछुओं से जुड़ती हैं तो दोनों को खींच लिया जाता है

(स) चूँकि उनकी आवाज कछुओं की यौनेच्छा पुकार (मेटिंग कॉल) जैसी होती है, उन्हें जीवित रखा जाता है और आवाज निकालने के लिए दबाव डाला जाता है, जैसे ही कछुआ इस आवाज के प्रति उत्तर देता है तो वह पकड़ा जाता है।

□

उत्तर के लिए कृपया पृष्ठ सं. 170 देखें।

समुद्री जीव

775. एक समुद्री जीव में अंडाणु और शुक्राणु दोनों ही होते हैं, वह स्वयं अंडे देता है और उन्हें निषेचित करता है। इस जीव का क्या नाम है?
(अ) ऑइस्टर (ब) विद्युत् ईल (स) पाइप फिश

776. दानव स्क्विड की कितनी भुजाएँ होती हैं?
(अ) 8 (ब) 10 (स) 12

777. वालरस *(ओदोबेनुस रोस्मारुस)* के ऊपरी जबड़े से निकले हुए दो लंबे दाँत होते हैं, उसके लिए इनका क्या उपयोग है?
(अ) समुद्र की तलहटी से क्रस्टेशियन जीव को खोदकर निकालने में
(ब) सुरक्षा के लिए
(स) अपने शरीर से परजीवियों को खुरचकर निकालने के लिए

778. ह्वेल के नथुने कहाँ स्थित होते हैं?
(अ) मुँह के ठीक ऊपर (ब) सिर के ठीक ऊपर
(स) छाती के कंकाल के ऊपर

779. नीली ह्वेल *(बालेनोप्तेरा मुस्कुलुस)* के कितने दाँत होते हैं?
(अ) 842 (ब) 60 (स) एक भी नहीं

780. सीपियाँ (माइटिलस) किस प्रकार खाती हैं?
(अ) खोल से बाहर निकलकर पास से गुजरते हुए शिकार को झपटकर
(ब) पानी की धारा में से सूक्ष्म जीवों को छानकर
(स) समुद्री एनीमोन से चिपककर और उनकी भुजाओं से चिपके परजीवियों को खुरचकर

उत्तर के लिए कृपया पृष्ठ सं. 170 देखें।

781. किस मोलस्क का खोल रणभेरी के लिए प्रयुक्त होता है?

(अ) ट्राइटॉन का ट्रंपेट *(कारोनिआ त्रितोनिस)*

(ब) बुल माउथ हेलमेट *(चिप्रेकास्सिस रूफा)*

(स) हॉर्न कलर्ड रैम'स हॉर्न *(प्लानोर्बार्बिउस कोर्नेउस)*

782. केकड़ा में चारों ओर देखने की दृष्टि होती है। यह इसे किस प्रकार व्यवस्थित करता है?

(अ) इसके खोल की खोपड़ी के चारों ओर आँखें होती हैं

(ब) इसकी आँखें घूमती हुई इंद्रियों पर स्थित होती हैं

(स) यह अपने सिर को 360 डिग्री में घुमा सकता है

783. एक नीली ह्वेल का औसत वजन कितना होता है?

(अ) 30,000 किलोग्राम (ब) 120,000 किलोग्राम

(स) 70,000 किलोग्राम

784. अंटार्कटिक महासागर में बैलीन ह्वेल का मुख्य आहार क्या है?

(अ) नीला केकड़ा *(काल्लिनेक्तेस सापिदुस)*

(ब) नार्वे का लोबस्टर *(नेफ्रोप्स नोर्वेजीकुस)*

(स) सागरिया झींगा *(एउफाउसिआ सुपेर्वा)*

785. जब ह्वेल तट पर पड़ी रहती है तो उसका दम क्यों घुटने लगता है?

(अ) छाती का पंजर कमजोर होने की वजह से इसके वजन के द्वारा इसका फेफड़ा दब जाता है

(ब) यह पानी से बाहर साँस नहीं ले पाती है

(स) रेत के छोटे कण साँस के जरिए मुँह और फेफड़े में घुस जाते हैं

786. श्रिंप और प्रॉन के बीच क्या अंतर है?

(अ) प्रॉन के पाँच पैरों के दूसरे जोड़े पर चिमटियाँ होती हैं

(ब) छोटे श्रिंप को प्रॉन कहते हैं

(स) प्रॉन का खोल सर्पिलाकार होता है, जबकि श्रिंप का कर्कटाकार

787. एक साधारण ऑइस्टर एक वर्ष में कितने अंडे देता है?

(अ) 1,000,000 (ब) 500,000,000 (स) 230,000

788. किस जीव को सागर का गायक या वादक कहते हैं?

(अ) कूबड़वाली ह्वेल *(मेगाप्तेरा नोवाएआंग्लिए)*

(ब) ग्रेट साइरन *(सिरेन लाचेर्तिना)*

उत्तर के लिए कृपया पृष्ठ सं. 170 देखें।

(स) ऑस्ट्रेलिया की लंगफिश *(नेओचेरातोदुस फोर्स्टेर्स)*

789. सागर की सतह पर कौन सा जीव प्रत्यक्ष या परोक्ष रूप से सभी जीवों का आहार है?

(अ) ब्लेनी (ब) प्लैंकटन (स) ब्रेड स्पॉन्ज

790. एक नीली ह्वेल प्रतिदिन कितनी कैलोरी का उपयोग करती है?

(अ) 80,000 (ब) 3,000,000 (स) 200,000

791. निम्नांकित में से सीटी कौन बजा सकती है?

(अ) हवाई स्पिनर डॉल्फिन *(स्तेनेल्ला लोंजिरोस्त्रिस)*

(ब) पाइलट ह्वेल *(ग्लोबिचेफाला मेलेना)*

(स) नर ह्वेल *(मोनोदोन मोनोचेरोस)*

792. कौन सा समुद्री जीव सबकी नकल करने में सक्षम है, यहाँ तक कि मनुष्य का भी?

(अ) वालरस (ब) सी-लायन (स) डॉल्फिन

793. ऑक्टोपस *(ओक्तोपुस वुल्गारिस)* की कितनी भुजाएँ होती हैं?

(अ) छह (ब) चार (स) आठ

794. ऑक्टोपस किस प्रकार आत्महत्या करते हैं?

(अ) स्वयं समुद्र तट पर पहुँचकर

(ब) जब तक मरते नहीं तब तक अपनी प्रत्येक भुजा खा जाते हैं

(स) वे समुद्र की खाइयों में खुद को फँसा लेते हैं और भूख से मर जाते हैं

795. ऑइस्टर के लार्वा क्या कहलाते हैं?

(अ) फिंगरलिंग (ब) स्पैट (स) ऑइस्टरेट

796. ऑक्टोपस किस प्रकार भ्रमित करता है?

(अ) धरातल के रंग में अपना रंग मिलाकर

(ब) पत्थरों के बीच छिपकर

(स) जमीन में माँद बनाकर

797. मोलस्क के खोल किसके बने होते हैं?

(अ) कैल्सियम कार्बोनेट (ब) चॉक चूना (स) सिलिका

798. सेफालोपोड किस प्रकार का सुरक्षात्मक उपाय अपनाते हैं?

(अ) एक परदा बनाने के लिए सागर के पानी को अपनी भुजाओं से हिलकोर देते हैं

उत्तर के लिए कृपया पृष्ठ सं. 170 व 171 देखें।

(ब) भागते हुए ये रोशनाई के बादल छोड़ते हैं ताकि हमलावर भ्रमित हो जाए

(स) यह पीछे की ओर बहुत तेज चाल से दौड़ते हैं

799. मोलस्क के खोल पर उठान (रिज) क्या दरशाते हैं?

(अ) वे उम्र/वृद्धि की रेखाएँ हैं

(ब) कुछ नहीं, ये मात्र सज्जा के पैटर्न हैं

(स) ये चेतावनी के पैटर्न हैं

800. मोलस्क के खोल के ऊपर के उठान (रिज) अकसर अलग-अलग जगहों पर होते हैं। सबसे बड़ी उठान का क्या मतलब है?

(अ) भोजन की प्रचुरता के कारण मोलस्क के खोलों (शेल) में वृद्धि हो जाती है

(ब) किसी स्तर पर खोल को नुकसान पहुँचा है और फिर इसकी मरम्मत हो गई है

(स) मोलस्क ने खोल के भीतर काफी समय गुजारा है

801. सीप या मोती की जननी किस खनिज की बनी होती है?

(अ) स्थायी संरचना के रूप में नमक संकुचित हो जाता है

(ब) कैल्सियम कार्बोनेट (स) नाइट्रेट

802. समुद्री गाय (साइरेनिया) का यह नाम क्यों रखा गया?

(अ) यह समुद्री खर-पतवार और समुद्री घास खाती है

(ब) इसकी यौनेच्छा-पुकार गाय की यौनेच्छा-पुकार जैसी लगती है

(स) इसका शरीर विशाल होता है, जिसमें स्पष्टतः छह चूचक दिखते हैं

803. भारत में किस जीव को पानीकुत्ता कहा जाता है?

(अ) गंगा की डॉल्फिन *(प्लातानिस्ता गांगेतिका)*

(ब) मुलायम त्वचावाला भारतीय ऊदबिलाव *(लूत्रा प्रेस्पिचिल्लाता)*

(स) लहरदार मेढक *(राना कोरूगाता)*

804. डॉल्फिन को पकड़ने के लिए सिंध के मुहान किस जानवर का उपयोग चारे के रूप में करते हैं?

(अ) मुलायम त्वचावाला भारतीय ऊदबिलाव *(लूत्रा प्रेस्पिचिल्लाता)*

(ब) मालाबारी उड़ंतू मेढक *(राकोफोरुस मलाबारिकुस)*

(स) चढ़ाई करनेवाला पर्च *(अनान्वास तेस्तुदिनेउस)*

उत्तर के लिए कृपया पृष्ठ सं. 171 देखें।

805. हाथी सील *(मिरोउन्गा लेओनिना)* क्रोधित होने पर क्या करता है?
(अ) यह अपनी नाक को इतना फुलाता है कि वह बड़ा गुब्बारा बन जाए
(ब) यह अपनी पूँछ के बल खड़ा होकर चिंघाड़ता है
(स) यह अपनी छाती फुलाता है

806. क्या घोंघे का खोल भी उसके शरीर के साथ-साथ बढ़ता है?
(अ) हाँ (ब) नहीं
(स) यह घोंघे की प्रजाति पर निर्भर करता है

807. सबसे बड़ी पिन्नीपिड कौन सी है?
(अ) केकड़ा खानेवाली सील *(लोबोदोन कार्चिनोफागुस)*
(ब) हाथी सील *(मिरोउन्गा लेओनिना)*
(स) दक्षिणी समुद्रीसिंह *(ओतारिआ बिरोनिआ)*

808. सील (फोसिडी) और सी-लायन (ओटैरिडी) में क्या-क्या अंतर हैं?
(अ) सी-लायन की गरदन लंबी और ज्यादा स्पष्ट निशानोंवाली होती है
(ब) सी-लायन के बाह्य कान होते हैं, जबकि सील के नहीं
(स) सी-लायन अपनी पिछली भुजाओं को आगे-पीछे ले ज़ाकर जमीन पर चल सकता है, जबकि सील नहीं चल सकता
(द) सी-लायन का अंदर का हिस्सा रोएँदार होता है, जबकि सील बिलकुल केशहीन होते हैं

809. घोंघे के आवरण (शेल) डेक्स्ट्रल और सिनिस्ट्रल आवरण में बँटे होते हैं। डेक्स्ट्रल आवरण की संख्या बहुत ज्यादा होती है। यह वर्गीकरण किस प्रकार का है?
(अ) उठानवाले (रिज) खोल डेक्स्ट्रल होते हैं और बिना रिजवाले सिनिस्ट्रल होते हैं
(ब) दाईं ओर वाले सर्पिल आकृतिवाले आवरण डेक्स्ट्रल कहलाते हैं, जबकि बाईं ओर वाले सर्पिल आकृतिवाले आवरण सिनिस्ट्रल कहलाते हैं
(स) समुद्र तट के मोलस्क वाले शेल डेक्स्ट्रल होते हैं और समुद्र की ओर जानेवाले मोलस्क के शेल सिनिस्ट्रल कहलाते हैं

810. संन्यासी केकड़ा *(कोएनोबिता हिल्गेंदोर्फी)* में क्या विलक्षणता है?
(अ) समुद्र में सहजीवन (सिंबायोसिस) के एकमात्र उदाहरण संन्यासी

उत्तर के लिए कृपया पृष्ठ सं. 171 देखें।

केकड़ा और समुद्री एनीमोन हैं

(ब) संन्यासी केकड़ा (हर्मिट क्रैब) अपने कुल का एकमात्र सदस्य है जो समुद्री घास पर निर्भर करता है

(स) संन्यासी केकड़े का अपना खोल नहीं होता है, लेकिन वह अस्थायी तौर पर शंखमीनों के खाली पड़े खोलों का उपयोग करता है

811. स्क्विड किस प्रकार चलता है?

(अ) साइफन विधि से तेजी से अपने शरीर से पानी बाहर निकालता है, इस तरह से वह आगे बढ़ जाता है

(ब) इसकी बाहरी दस पेशियाँ पाँव की तरह काम करती हैं

(स) सिर्फ पहले चार अंग पैर की तरह काम करते हैं, शेष अंग पानी में स्वयं को धक्का देने का काम करते हैं

☐

उत्तर के लिए कृपया पृष्ठ सं. 171 देखें।

उभयचर

812. धाय टोड *(आलीतेस ओस्तेत्रिचिआंस)* अपने अंडे को अनूठे ढंग से रखता है। यह क्या है?

(अ) नर पत्तियों के ऊपर झाग का घोंसला बनाता है और इसी में अंडे रखता है

(ब) जब तक अंडे पककर फूटने की स्थिति में नहीं आते हैं तब तक मादा अंडों को अपने मुँह में रखती है

(स) नर अंडों को अपनी पिछली टाँग में छिपाकर तब तक रखता है जब तक अंडे फूट नहीं जाते हैं

813. एक्सोलोट्ल (एबिंस्टोमा) उभयचर नहीं बल्कि टाइगर सैलामांडर का टैडपोल है, यद्यपि कुछ टैडपोल वयस्क नहीं बनते हैं, सिर्फ बड़े टैडपोल बन जाते हैं, यहाँ तक कि टैडपोल के रूप में ही प्रजनन करते हैं। दुनिया के कुछ भागों में ये टैडपोल सैलामांडर में परिवर्तित क्यों नहीं हो पाते हैं?

(अ) जहाँ कहीं भी पानी में आयोडीन की कमी होती है, टैडपोल अपना विकास पूरा नहीं कर पाते हैं

(ब) पूर्ण विकास के लिए 35 डिग्री सेंटीग्रेड ताप की जरूरत पड़ती है

(स) हालाँकि टैडपोल खारे पानी में प्रजनित होते हैं। इन्हें पूर्ण विकसित होने के लिए मीठे पानी की जरूरत होती है। जहाँ इन्हें मीठा पानी नहीं मिलता है, वहाँ ये टैडपोल ही रहते हैं

814. मेढक पानी के अंदर किस प्रकार साँस लेता है?

(अ) अपने नथुनों से (ब) अपनी त्वचा से

उत्तर के लिए कृपया पृष्ठ सं. 171 देखें।

(स) अपने फेफड़ों से

815. टोड और मेढक में क्या अंतर है ?

(अ) टोड की त्वचा सूखी और गूमड़दार होती है, जबकि मेढक की त्वचा नम और मुलायम होती है

(ब) टोड सिर्फ स्थल पर रहनेवाले जीव हैं, जबकि मेढक के जीवन का अधिकतर समय पानी में व्यतीत होता है

(स) मेढक की तुलना में टोड बहुत बड़े होते हैं

816. मेढक पक्के तौर पर जलीय प्राणी हैं। स्वर में कंपन पैदा करनेवाले मेढक 'ट्रिलिंग फ्रॉग' *(नेओबात्राकुस चेंत्रालिस)* कहाँ रहते हैं ?

(अ) सागर में (ब) रेगिस्तान में (स) बड़ी झील में

817. कृत्रिम विरोधाभाषी मेढक के नाम में वैज्ञानिक दृष्टि से क्या अजीब बात है ?

(अ) टैडपोल मेढक की तुलना में तीन गुना बड़े होते हैं

(ब) उभयचर जगत् में सिर्फ मेढक ही उभयलिंगी है

(स) सिर्फ मेढक ही उभयचर जगत् में बिना केंचुलीवाला सदस्य है

818. मेढकों में सिर्फ दक्षिणी अमेरिकी मेढक *(रिनोदेर्मा दार्विनि)* अंडे सेने का काम करते हैं। यह क्या है ?

(अ) पेड़ की कोटर में नर और मादा दोनों मिलकर घोंसला बनाते हैं। बच्चों के पानी में तैरने या चलने-फिरने लायक होने तक नर इनकी सुरक्षा करते हैं

(ब) सभी मेढकों की प्रजातियाँ एक ही तालाब में अंडे देती हैं और मादा उनकी सुरक्षा करती है

(स) अंडों की थैली में जैसे ही भ्रूण दिखाई देता है, नर लपककर उसे अपने स्वर थैली (वाकल सैक) में रख लेता है। जब वे विकसित हो जाते हैं तो मुँह से बाहर निकल आते हैं

□

उत्तर के लिए कृपया पृष्ठ सं. 171 देखें।

हत्या और ध्वंस

819. मणिपुर की लॉगटेक झील के तट पर हिरण की किस प्रजाति के मात्र सौ ही सदस्य जीवित बचे हैं, जो कभी बड़ी संख्या में होते थे?
    (अ) भूरे सींगोंवाला हिरण *(एल्दी एल्दी)*
    (ब) मारल *(चेर्वुस एलाफुस माराल)*
    (स) डाइबाउस्की हिरण *(चेर्वुस निप्पोन दिबेस्कीइ)*

820. मिस्रवासियों द्वारा पूजित कौन सी चिड़िया अब लुप्त हो गई है?
    (अ) पवित्र बुज्जा *(त्रेस्किओर्निस आतिओपिका)*
    (ब) पवित्र कौड़िल्ला *(हाल्किओन सांक्ता)*
    (स) मिस्र की नर फुदकी *(आक्रोचेपालुस स्तेन्तोरेउस)*

821. खेल और फर के लिए साइरन कुल के निरीह जीवों के महाविनाश का निम्नांकित वर्णन किसने किया?
    'उन्होंने चरनेवाले भोले और विशाल जीवों में से एक का भाले से शिकार किया और हुकवाले भाले पर तब तक टाँगकर रखा जब तक कि सारा रक्त बह जाने के कारण जीव निढाल नहीं हो गया। जो नाव में थे उनको तब तक लगातार पीटा जब तक वे थककर गतिहीन नहीं हो गए। उनपर कुंदों, चाकुओं और अन्य हथियारों से हमला किया गया और जमीन पर खींचकर लाया गया। फिर उस जीवित जीव के असंख्य टुकड़े किए गए, मगर उसकी पूँछ की फटकार भयानक थी। इसे तट तक तीस व्यक्तियों द्वारा खींचकर लाया गया। उस जीव के मित्रों और बच्चों ने उसका पीछा किया तो उनकी भी इसी तरह हत्या कर दी गई।'
    (अ) इवान पोपोव (ब) जॉर्ज विलियम स्टेलर

उत्तर के लिए कृपया पृष्ठ सं. 171 व 172 देखें।

(स) एडॉल्फ इरिक नॉर्डरस्कीओल्ड

822. निम्नांकित में से कौन से पक्षी भारत में अब लुप्त हो चुके हैं?

(अ) छोटा पनकौआ *(कालिद्रिस मिनुता)*

(ब) पहाड़ी बटेर *(ओफ्रिसिआ सुपेर्चिलिओसा)*

(स) जेर्डोन की नुकरी चिड़िया *(कुर्सोरिउस बीतोर्कुआतुस)*

(द) धूसर पंखवाला श्याम पक्षी *(तुर्दुस बोउलबोउल)*

(य) गुलाबी सिरवाली बतख *(रोदोनेस्सा कारिओफिल्लाचेआ)*

(र) राख के रंगवाली अबाबील *(आर्तामुस फुस्कुस)*

823. फेनेक *(फेन्नेकुस जेर्दा)* विश्व के सबसे सुंदर स्तनधारी जीवों में से एक है। यह छोटा, शर्मीला और कोमल आवाज वाला है। मनुष्य को इससे कोई नुकसान नहीं है। छिपकलियाँ, टिड्डे, पौधे और चूहे इसका आहार हैं। सहारावासी इसका शिकार करके इसे लुप्तप्राय बना रहे हैं। यह क्या है?

(अ) पंडा (ब) खरगोश (स) लोमड़ी

824. कौन सा जीव पालतू गधे का पूर्वज है, जो अब लुप्त हो गया है?

(अ) नुबियन जंगली गधा *(आकुउस आफ्रीकानुस आफ्रीकानुस)*

(ब) क्वागा *(एक्यूस कुआग्गा कुआग्गा)*

(स) सोमाली जंगली गधा *(एक्यूस आफ्रीकानुस सोमालिकुस)*

825. दक्षिण अफ्रीकी क्वागा अब लुप्त है। यह कौन सा जानवर था?

(अ) सिर, गरदन और कंधों पर धारीवाला जेब्रा

(ब) विशाल शुतुरमुर्ग का संबंधी

(स) बौने हिरण के कुल का एक सदस्य

826. कौन सा जानवर उत्तर अमेरिका में पैदा हुआ और यूरेशिया की ओर चला गया। जहाँ यह पैदा हुआ था वहाँ अब लुप्त हो गया है?

(अ) घोड़ा (ब) भैंस (बफैलो) (स) गवल

827. कौन सा समुद्री स्तनधारी जीव मात्र सत्ताईस वर्षों की खोज के बाद ही अंधाधुंध शिकार के बाद लुप्त हो गया?

(अ) नकली किलर ह्वेल *(प्सेउदोर्का क्रास्सिदेंस)*

(ब) बेडौल दाँतोंवाली डॉल्फिन (स्तेनो ब्रेदानेंसिस)

(स) स्टेलर की समुद्री गाय *(रितिना स्तेल्लेरि)*

828. सन् 1947 तक कौन सा भारतीय जानवर अधिक शिकार करने के कारण लुप्त हो गया?

उत्तर के लिए कृपया पृष्ठ सं. 172 देखें।

(अ) हिम तेंदुआ *(उंचिआ उंचिआ)*

(ब) चीता *(आचिनोनिक्स युवातुस)*

(स) हिमालय का काला भालू *(सेलेनार्क्तोस तिबेतानुस)*

829. सन् 2000 तक जंतु-जगत् की लगभग कितनी प्रजातियाँ लुप्त हो जाने की आशंका थी?

(अ) दस हजार (ब) दस लाख (स) एक सौ हजार

830. निम्नांकित जीवों/पक्षियों में कौन-कौन लुप्त हो गए हैं?

(अ) सवारी कबूतर *(एक्तोपिस्तेस मीग्रातोरिउस)*

(ब) ग्रेट ऑक *(प्लाउतुस इंपेन्निस)*

(स) बतखचोंचा *(ओर्निंतोरिंकुस अनातिनुस)*

(द) श्वेत पैरवाला टमारिन *(ओएदिपोमिदास लेउकोपुस)*

831. असम की पहाड़ियों की तलहटी में पाए जानेवाले किस जीव को लुप्तप्राय मान लिया गया है?

(अ) असम का उड़न कुवंग (लेमूर) *(चिनोचेफालुस आलिइ)*

(ब) बर्मी बाज *(फाल्को रंगूनिउस)*

(स) सानो बनैल *(सुस साल्वानिउस)*

832. बाघ के आठ उपकुल होते हैं। इनमें से कितने लुप्त हो गए हैं या लुप्त होने के कगार पर हैं?

(अ) सात (ब) पाँच (स) तीन

833. निम्नांकित में कौन से घोड़े विलुप्त होने के कगार पर हैं?

(अ) बार्ब (ब) ब्रंबी (स) एशियाई जंगली घोड़ा

834. कौन सा घोड़ा अब लुप्त हो गया है?

(अ) अरब का डार्ली (ब) क्लाइडेस्डेल

(स) टारपन *(एक्यूस प्रजेवाल्स्कीइ ग्मेलिनि)*

उत्तर के लिए कृपया पृष्ठ सं. 172 देखें।

सृष्टि की सीढ़ी

835. किस भौगोलिक युग में पक्षी विकसित हुए?
(अ) पर्मियन (ब) जुरासिक
(स) चतुर्थयुगीन (क्वाटरनरी)

836. किस भौगोलिक युग में स्तनधारी विकसित हुए?
(अ) कैब्रियन (ब) सिलुरियन (स) ट्राइएसिक

837. मेसोजोइक युग में किस स्तनधारी की प्रधानता थी?
(अ) पिनीपीडिया (ब) मार्सुपिआलिया (स) प्रोबोसिडी

838. किस युग में मछली का विकास हुआ?
(अ) सिलुरियन (ब) डेवोनियन (स) पर्मियन

839. मेसोजोइक युग के समय में किस प्रजाति के जीवों की प्रधानता थी?
(अ) स्तनधारी (ब) पक्षी (स) सरीसृप

840. किस युग में स्तनधारियों को महत्ता मिली?
(अ) सेनोजोइक युग (ब) पैलेजोइक युग (स) मेसोजोइक युग

841. पैलिओजोइक युग में किस प्रजाति के जीवों की प्रधानता थी?
(अ) पक्षी (ब) उभयचर और कीड़े-मकोड़े
(स) सरीसृप

उत्तर के लिए कृपया पृष्ठ सं. 172 देखें।

किसने कहा था?

842. निम्नांकित कवितांश किस रचयिता का है?
'उल्लू और पूसी बिल्ली समुद्र में गए
मटर जैसी हरे रंग की एक सुंदर नाव में
वे कुछ शहद लाए और बहुत मात्रा में धन
पाँच पाउंड के रुपए में लिपटे हुए'
(अ) एडवर्ड लीयर (ब) आर.एल. स्टीवेंसन
(स) ए.ए. मिल्ने

843. तीसरे छोटे सूअर ने अपना मकान किस चीज से बनाया?
(अ) रेत (ब) ईंट (स) घास-फूस

844. किस जानवर ने रेड राइडिंग हुड की दादी का वेश बनाने की असफल कोशिश की?
(अ) भेड़िया (ब) लोमड़ी (स) बाघ

845. किस जानवर के बारे में कहा गया है, 'विपरीत गुणोंवाला जीव, जिनमें सबसे ज्यादा ऊर्जा और उतनी ही शिथिलता, भोलापन और बहादुरी, शर्मीलापन और दुराग्रह—सब एक ही जानवर में जमा हैं?'
(अ) गोरिल्ला (ब) बाघ (स) तेंदुआ (पैंथर)

846. कॉक रॉबिन को किसने मारा?
(अ) गौरैया (ब) मुरगी (स) सूअर

847. कवि ऑलिवर हरफोर्ड ने किस मछली की चर्चा 'पानी और तूतिया की तरह अमिश्रणीय' के रूप में की है?

उत्तर के लिए कृपया पृष्ठ सं. 172 देखें।

(अ) साही मछली (डायोडॉन्टीडी) (ब) बिलाव मछली (सिलुरिफार्म्स)
(स) चूषक बार्ब (गारा)

848. लाँगफेलो ने किस पक्षी की चर्चा 'इवेंजलाइन' के रूप में की थी, जब उसने लिखा, 'उसके छोटे कंठ से ऐसा उन्मादी संगीत निकला कि समूची हवा, जंगल और तरंगें चुपचाप उसे सुनने लगे?'
(अ) नकलची पक्षी 'मॉकिंग बर्ड' *(मीमुस पोलीग्लोत्तोस)*
(ब) एबट की जंगल बकवादी चिड़िया *(त्रिकास्टोमा एब्बोत्ति)*
(स) भूरी थ्रैशर *(तोक्सोस्तोमा रुफुम)*

849. किस पुस्तक में ग्राइफन, मॉक कछुआ, मार्च खरगोश और चेशायर बिल्ली की चर्चा की गई है?
(अ) एलिस की 'एडवेंचर्स इन वंडरलैंड' (ब) 'वाटरशिप डाउन'
(स) ग्रिम्स की 'फेयरी टेल्स'

850. यह किसने लिखा—
'मैंने कभी प्रिय गजेल की सेवा नहीं की
अपनी मुलायम काली आँखों से उसने मुझे प्रसन्न किया
मगर जैसे ही मुझे पता चला,
मुझे प्यार किया, जो मरने को बाध्य था?'
(अ) टी. मूर—'लाला रूख' (ब) इद्रीस शाह—'द वे ऑफ सूफी'
(स) खलील जिब्रान—'द प्रोफेट'

851. शेक्सपियर के किस नाटक में यह पंक्ति है, 'हे अश्व! हे अश्व! एक अश्व के लिए मेरा साम्राज्य।'
(अ) मच एडू एबाउट नथिंग (ब) किंग लीयर
(स) किंग रिचर्ड द थर्ड

852. निम्नांकित पंक्तियाँ शेक्सपीयर के किस नाटक की हैं?
'क्या तू भी जाएगा? यह अभी दिन के निकट नहीं है;
यह बुलबुल थी, और लार्क नहीं
तेरे कान के भयावने सुराख में घुस गया?'
(अ) ए मिडसमर नाइट'स ड्रीम (ब) रोमियो और जूलियट
(स) हैमलेट

853. 'द टाइगर' में विलियम ब्लेक ने किस मनोभाव को निम्नांकित कवितांश

उत्तर के लिए कृपया पृष्ठ सं. 172 देखें।

में दरशाया है?

'टाइगर! टाइगर! बर्निंग ब्राइट
इन द फोरेस्ट्स ऑफ द नाइट,
ह्वाट इमोर्टल हैंड ऑर आइ
कुड फ्रेम दाइ फीयरफुल सिमेट्री?'

(अ) आशा (ब) भय (स) प्रेम

854. किस पुस्तक में स्नैपड्रेगनफ्लाई, रॉकिंग हॉर्सफ्लाई और ब्रेड एंड बटर-फ्लाई नामक कीटों की चर्चा की गई है?

(अ) सिस्टमैटिक एंड एक्सपेरिमेंटल जूलॉजी
(ब) थ्रू द लुकिंग ग्लास
(स) द लायन, द विच एंड द वार्डरोब

855. 'कैट्स हाइड देअर क्लॉज'—इस मुहावरे का क्या अर्थ है?

(अ) समस्या के अंदर घुसने की जरूरत
(ब) चेतावनी की जरूरत
(स) हर चीज हमेशा वैसी नहीं होती है जैसी दिखती है

856. 'द हायर द एप गोज द मोर ही शोज हिज टेल'—इस मुहावरे का क्या अर्थ है?

(अ) अभिमान (ब) मूर्खता (स) बीमार प्रजनन

857. 'इफ द लायन'स स्किन कैननॉट द फॉक्स'स शैल'—इस मुहावरे का क्या अर्थ है?

(अ) लक्ष्य प्राप्ति के लिए सभी उपाय किए जाने चाहिए
(ब) धूर्तता शक्ति को पीछे छोड़ देती है
(स) किसी को अपनी सच्चाई नहीं बताइए

858. 'ही दैट मेक्स हिमसेल्फ ए शीप शैल बी ईटन बाई द वॉल्फ'—इस मुहावरे का क्या अभिप्राय है?

(अ) सारा जोर मेहनती बैल पर (ब) सहो और संयम बरतो
(स) जो बरदाश्त करता है वही जीतता है

859. 'कॉल द बीयर अंकल टिल यू आर सेफ एक्रॉस द ब्रिज'—इस तुर्की मुहावरे का क्या अभिप्राय है?

(अ) तुम मुझे पंजे से नोचो, मैं तुम्हें पंजे से नोचूँगी

उत्तर के लिए कृपया पृष्ठ सं. 172 देखें।

(ब) कुत्ते आपसे प्रेम जताने के लिए नहीं, बल्कि रोटी के लिए पूँछ हिलाते हैं

(स) जैसे भेड़िया कुत्ते की तरह होता है, वैसे ही चापलूस एक मित्र की तरह

860. 'ही दैट कैन नॉट बीट द ऐस, बीट्स द सैड्ल'—इस मुहावरे का क्या अर्थ है?

(अ) जो अपनी गलतियों के लिए दूसरों को जिम्मेदार ठहराता है

(ब) जो अपना काम किसी भी उपाय से करा लेता है

(स) जो अपने लक्ष्य तक पहुँचने के लिए किसी को भी रौंद सकता है

861. 'बीयर्ड द लायन इन हिज डेन'—इस मुहावरे का क्या अर्थ है?

(अ) अनावश्यक साहस का प्रदर्शन

(ब) समस्या का समाधान मूर्खतापूर्वक करना

(स) अपने ही घर में प्रतिकूल स्थिति का सामना करना

862. 'फ्लॉगिंग ए डेड हॉर्स'—इस मुहवारे का क्या अभिप्राय है?

(अ) अनावश्यक क्रूरता का प्रदर्शन (ब) असंभव को पाने की कोशिश

(स) भूली चीजें सामने लाना

863. 'ए बिग फ्रॉग इन ए स्मॉल पॉण्ड' इस मुहावरे का क्या अभिप्राय है?

(अ) छोटे लोगों के बीच महत्त्वपूर्ण व्यक्ति

(ब) जो बहुत बोलता है

(स) जिसे भीड़ में भी सुना जा सकता है

864. 'बुल इन ए चाइना शॉप'—इस मुहावरे का क्या अर्थ है?

(अ) फूहड़ व्यक्ति (ब) बाहरी व्यक्ति (स) दुर्व्यवहारी व्यक्ति

865. 'बरी वन'स हेड इन द सैंड'—इस मुहावरे का संबंध किस जानवर से है?

(अ) टिटहरी (ब) रेगिस्तानी चूहा (स) शुतुरमुर्ग

866. 'कुक सम वन्स गूज'—इस मुहावरे का क्या अर्थ है?

(अ) अच्छी तरह से भोजन कराना (ब) बरबाद करना

(स) किसी और का चुरा लेना

867. 'गो टू डॉग' मुहावरे का क्या अर्थ है?

(अ) ह्रास होना (ब) काटा जाना (स) बीमार पड़ना

868. 'यही एकमात्र ऐसा जानवर है जो अपने फायदे के लिए इनसान से प्यार

उत्तर के लिए कृपया पृष्ठ सं. 172 व 173 देखें।

करता है'। प्लूटार्क ने उपर्युक्त पंक्ति किस जीव के बारे में लिखी है?

(अ) बंदर (ब) कुत्ता (स) डॉल्फिन

869. आहार शृंखला के बारे में निम्नांकित उद्धरण किस लेखक के हैं?

'इसलिए प्रकृतिविदों ने देखा, एक पिस्सू
दूसरे छोटे पिस्सुओं को शिकार बनाता है
और इन्हें काटने के लिए छोटे पिस्सू होते हैं
और यह सिलसिला अनंत तक जारी रहता है।'

(अ) जोनाथन स्विफ्ट (ब) रूपर्ट ब्रूक

(स) एडगर एलन पो

870. 'यह बतख की तरह दिखता है, बतख की तरह चलता है और बोलता भी बतख की तरह ही है।' ऐसा बोलते हुए सीनेटर जोसफ मैकार्थी किसे उद्धृत कर रहे थे?

(अ) जॉन एफ. केनेडी (ब) एक कम्युनिस्ट

(स) एक बतख

871. किस काल्पनिक चरित्र ने कहा, 'मैं बहुत छोटे दिमाग का भालू हूँ और लंबे शब्द मुझे परेशान करते हैं'?

(अ) योगी भालू (ब) विनी द पूह

(स) स्मोकी द बीयर

872. किस पुस्तक में निम्नांकित वाक्य है, 'सभी जानवर बराबर हैं, लेकिन कुछ दूसरे की तुलना में ज्यादा बराबर हैं?'

(अ) जॉर्ज ऑरवेल की 'एनिमल फार्म'

(ब) गेराल्ड ड्यूरेल की 'माई फैमिली एंड अदर एनिमल्स'

(स) जैक हेनरी एबट की 'इन द बेली ऑफ द बीस्ट'

873. 'कछुआ और खरगोश' की कहानी का लेखक कौन था?

(अ) एनिड ब्लाइटॉन (ब) ईसप (स) शेक्सपीयर

874. 'शहर कंक्रीट का जंगल नहीं है, यह इनसानी चिड़ियाघर है'—यह बात किस प्रख्यात जंतु विज्ञानी और मानव विज्ञानी ने कही थी?

(अ) गेराल्ड ड्यूरेल (ब) डेसमंड मॉरिस (स) वर्जिनिया वुल्फ

875. 'भेड़ की खाल में भेड़'—विंस्टन चर्चिल ने किसके बारे में कहा था?

(अ) क्लेमेंट एटली (ब) रैम्जे मैकडोनाल्ड

उत्तर के लिए कृपया पृष्ठ सं. 173 देखें।

(स) एडविन माउंटबैटन

876. 'अश्वों जैसी समझ अच्छा निर्णय है, जो घोड़ों को मनुष्य के दाँव पर लगाने से दूर रखती है।' किसने कहा था?

(अ) कार्ल हेनरिक मार्क्स (ब) डब्ल्यू.सी. फील्ड्स

(स) चार्ल्स चैपलिन

877. निम्नांकित पंक्तियाँ किस प्रसिद्ध कवि की हैं?

'उसकी समझ में ईश्वर ने
मक्खी बनाई और हमें बताना
भूल गया कि क्यों?'

(अ) डब्ल्यू.बी. यीट्स (ब) रॉबर्ट फ्रॉस्ट

(स) ऑग्डेन नैश

878. किस कविता में यह चर्चा है कि 'एल्बट्रॉस की हत्या जहाजियों की तबाही और मौत में बदल गई'?

(अ) लौंगफेलो की 'मोरिटूरी सैल्यूटामस'

(ब) कॉलरिज की 'द राइम ऑफ द एंसिएंट मेरिनर'

(स) एलिजा कुक की 'रोवर'स सोंग'

☐

उत्तर के लिए कृपया पृष्ठ सं. 173 देखें।

कल्पना और यथार्थ

879. यूरोप की पौराणिक कथाओं में किस पक्षी के बारे में यह माना जाता था कि वह मानव शिशु को जन्म देता है?

(अ) पेरु की बूबी *(सुला वारिएगाता)*

(ब) यूरेशियाई श्वेत लकलक *(चिकोनिआ चिकोनिआ)*

(स) क्रिसमस फ्रिगेट पक्षी *(फ्रेगाता आंद्रेव्स्की)*

880. किस विश्व विजेता के घोड़े के नाम बुसेफैलस रखा गया था?

(अ) जूलियस सीजर (ब) एलेक्जेंडर (स) नेपोलियन

881. भूतनी मेडुसा ने अपने सिर पर बालों की बजाय किसको पोसा?

(अ) सर्प (ब) जूँ (स) कृमि

882. 'बाइबिल' में जोना ने किस जीव को निगल लिया था?

(अ) दानव स्क्विड (ब) ह्वेल (स) सिंह

883. इंग्लैंड, स्कॉटलैंड, नॉर्वे और डेनमार्क के राजाओं के मुकुट पर किस जीव का चित्र अंकित है?

(अ) एक श्रृंगी (ब) सिंह (स) तेंदुआ

884. 218 ई.पू. हैनिबल ने आल्प्स पार करने के लिए किस जानवर का उपयोग किया था?

(अ) टारपन घोड़ा (ब) हाथी (स) ऊँट

885. पहला चिड़ियाघर कब और कहाँ स्थापित हुआ था और इसे क्या पुकारा गया?

(अ) चीन, बारहवीं सदी, विद्वत्ता का उद्यान

उत्तर के लिए कृपया पृष्ठ सं. 173 देखें।

(ब) गालपागोस द्वीप समूह, ग्यारहवीं सदी, बुद्धि की दुनिया

(स) फ्रांस, आठवीं सदी, जानवरों की शाही आश्रय-स्थली

886. मिस्र के धार्मिक ग्रंथों में किस कीट का जंतर के रूप में बहुत महत्त्व है?

(अ) गुबरैला *(स्काराबेउस साचेर)*

(ब) छोटा राजा पतंगा *(सातुर्निआ पावोनिआ)*

(स) हाड़ा पतंगा *(एजेरिआ आपिफोर्मिस)*

887. यूनानी पुराणों में सेंटॉर क्या है?

(अ) आधा मनुष्य आधा हिरण

(ब) आधा मनुष्य आधा घोड़ा

(स) आधा मनुष्य आधी बकरी

888. खेलचातुर्य और स्नेहिल मिजाज के लिए मशहूर कौन सा जानवर भारतीय राजकुमारों के द्वारा शिकार कर लिया जाता था?

(अ) भूरा भालू *(उसुर्स आर्क्तोस)*

(ब) भारतीय भूरा नेवला *(हेर्पेस्तेस फुस्कुस)*

(स) चीता *(आचिनोनिक्स युबातुस)*

889. किस भारतीय बादशाह ने जंगल और जानवरों की सुरक्षा संबंधी फरमान जारी किए और मछली पकड़ने के कानून बनाए?

(अ) अशोक (ब) औरंगजेब (स) एतमादुद्दौला

890. हैमलिन के बाँसुरीवाले ने किस जीव को भगाया था?

(अ) तिलचट्टा (ब) अबाबील (स) चूहा

891. प्रारंभिक मिस्र में फराओ के राजदंड पर किस जीव का सिर निर्मित था?

(अ) कुत्ता (ब) बिल्ली (स) सिंह

892. कालिगुला सीजर ने किस जानवर को रोम का सीनेटर बनाया था?

(अ) कुत्ता (ब) बंदर (स) घोड़ा

893. 'महाभारत' में युधिष्ठिर के शिक्षक के रूप में किस जीव का नाम उद्धृत है?

(अ) सर्प (ब) नेवला (स) हाथी

894. अंतिम यात्रा पर युधिष्ठिर और उसके भाइयों का साथ किस जानवर ने दिया था?

(अ) कुत्ता (ब) चील (स) हिरण

उत्तर के लिए कृपया पृष्ठ सं. 173 देखें।

895. सांताक्लॉस की स्लेज गाड़ी को किन जानवरों का समूह खींचता है?
(अ) पर्वतीय प्रेयरी कुत्ते (ब) रेंडियर (स) श्वेत घोड़े
896. वृषभ राशि में किस जानवर का चित्र दरशाया जाता है?
(अ) बैल (ब) साँड़ (स) हाथी
897. पैगंबर मोहम्मद ने किस जीव को अपना सबसे प्रिय जीव बताया था?
(अ) बिल्ली (ब) घोड़ा (स) ऊँट
898. हिंदुओं की किस पौराणिक मान्यता में भालुओं के राजा की बेटी से कृष्ण की शादी हुई थी?
(अ) रुक्मिन (ब) जांबवान (स) भालेश्वर
899. हिंदू धर्मशास्त्रों में पक्षियों का देवता किसे माना जाता है?
(अ) गरुड़ (ब) जटायु (स) अरुण
900. इडेन से आदम और इव को किस जानवर ने बाहर निकाला था?
(अ) सर्प (ब) बंदर (स) मगरमच्छ
901. वेदों में किस जीव को अलौकिक शक्तियों का अवतार माना जाता है। चार हाथी उस जीव की पीठ पर टिकी पृथ्वी का भार वहन करने में मदद करते हैं?
(अ) कछुआ (ब) चील (स) सिंह
902. मीन राशि किस जीव को दरशाती है?
(अ) ह्वेल (ब) मछली (स) एकशृंगी
903. ग्रेट बीयर नामक राशि में कितने सितारे होते हैं?
(अ) सात (ब) छह (स) पाँच
904. कर्क राशि में किस जीव को चित्रित किया जाता है?
(अ) केकड़ा (ब) मकड़ा (स) गिरगिट
905. हनुमान हिंदुओं के वानर देव हैं। हनुमान का क्या अर्थ है?
(अ) लंबी पूँछवाला (ब) मजबूत जबड़ेवाला
(स) बालोंवाला मनुष्य
906. कामदेव की सवारी क्या है?
(अ) कबूतर (ब) तोता (स) हिरण
907. बंगालियों की सर्पों की देवी कौन है?
(अ) वैजयंती (ब) जगदंबिका (स) मनसा

उत्तर के लिए कृपया पृष्ठ सं. 173 देखें।

908. यम का वाहन क्या है?
(अ) भैंस (बफैलो) (ब) बाघ (स) गिद्ध

909. सूर्योदय की देवी उषा का रथ खींचनेवाले कौन से जीव हैं?
(अ) धूसर पंडूक (ब) श्वेत हंस (स) लाल गाय

910. किस विघ्नविनाशक हिंदू देवता का सिर हाथी का है। उस देवता की सवारी क्या है?
(अ) गणेश—मूषक (ब) गरुड़—चील (स) गर्ग—शूकर

911. ब्रह्मा की सवारी क्या है?
(अ) हंस (ब) मिथुन (स) जेबु गाय

912. बुध की सवारी क्या है?
(अ) सिंह (ब) साही (स) भालू

913. जैन धर्म के संस्थापक महावीर का प्रतीक क्या है?
(अ) सिंह (ब) घोड़ा (स) मयूर

914. मिस्रवासियों के देवता एनुबिस का सिर किस जानवर का है?
(अ) चील (ब) सियार (स) सर्प

915. इंद्र का वाहन क्या है?
(अ) घोड़ा (ब) हाथी (स) चील

916. सिंह राशि में किस जानवर को चित्रित किया गया है?
(अ) बिल्ली (ब) व्याघ्र (स) शेर

917. मयूर किसका वाहन है?
(अ) कार्तिकेय (ब) धर्म (स) सरस्वती

918. कौन सा जीव विष्णु की शय्या बना है?
(अ) सर्प (ब) इगुआना (स) कच्छप

919. तेलुगु देवी अम्मावारु की सवारी क्या है?
(अ) गाय (ब) सियार (स) सिंह

920. यूनानी देवी 'एफ्रोडाइट' का प्रतिनिधि कौन है?
(अ) फाख्ता (ब) एकशृंगी (स) डॉल्फिन

921. रोम के संस्थापक रोमुलुस और रीमस ने किस जानवर का दूध पिया था?
(अ) मेमना (ब) भेड़िया (स) बकरी

922. चेचक की बंगाली देवी 'शीतला' का वाहन क्या है?

उत्तर के लिए कृपया पृष्ठ सं. 173 देखें।

(अ) शूकर (ब) गधा (स) व्याघ्र

923. मेरी जेरुसलम तक किस जानवर की सवारी करके गई थी?

(अ) गधा (ब) घोड़ा (स) गाय

924. जीसस का जन्म कहाँ हुआ था?

(अ) अस्तबल में (ब) कबूतरों के दड़बे में (स) कहीं नहीं

925. शिव का वाहन क्या है?

(अ) भेड़ (ब) बैल (स) साँड़

926. बकरीद के दिन मुसलमान किस जानवर की बलि चढ़ाते हैं?

(अ) बकरा (ब) कुत्ता (स) ऊँट

927. मिस्र की किस प्रतिमा का शरीर शेर का है और सिर मानव का?

(अ) स्फिंक्स (ब) तूतनखामेन (स) एस्पिस

928. मेष राशि में किस जीव को दरशाया गया है?

(अ) शूकर (ब) भेड़ (स) कुत्ता

929. वृश्चिक राशि में किस जीव को दरशाया गया है?

(अ) सर्प (ब) बिच्छू मछली (स) बिच्छू

930. ओडिन युद्ध का प्राचीन जर्मन देवता है, नायकों का संरक्षक और वाल्किरियों का देवता है। उसे किस जानवर और पक्षी की बलि चढ़ाई जाती है?

(अ) भेड़िया, काला कौआ (ब) सिंह, चील (स) बाघ, उल्लू

931. राणा प्रताप के घोड़े का क्या नाम था?

(अ) लक्ष्मी (ब) चेतक (स) राजपूत

932. किस पक्षी को अपनी राख से फिर जी उठने की क्षमता के कारण शाश्वत जीवन का प्रतीक माना जाता है?

(अ) सुनहरा हंस (ब) अमर पक्षी (स) खेरमुतिया (केस्ट्रेल)

□

उत्तर के लिए कृपया पृष्ठ सं. 173 व 174 देखें।

अजब-गजब

933. हमारे वस्त्र मच्छरों के हमारी ओर आकर्षित होने को प्रभावित करते हैं। कपड़े का रंग जितना हलका होगा, मच्छर हमें उतना ही कम काटेंगे। यह कथन सत्य है या असत्य?

(अ) सत्य (ब) असत्य

934. लंबी नाकवाले किस कुरूप जीव को जिस नाम से पुकारते हैं उसका अर्थ होता है श्वेत मनुष्य?

(अ) सूँड़दार बंदर *(नासालिस लार्वातुस)*

(ब) सूँड़वाली चमगादड़ *(रिंकोनिक्तेरिस नासो)*

(स) नीची जमीनवाला टापीर (प्रोबोसीडिया)

935. बीसवीं सदी तक समुद्री गाय या ड्यूगाँग को मत्स्यकन्या (मर्मेड) समझा जाता था, क्यों?

(अ) उसकी पुकार परेशानी से घिरी महिला की चीख जैसी लगती है

(ब) मादा समुद्री गाय अपने बच्चों को बाँहों में समेट, उन्हें अपने दो चूचकों से दूध पिलाती हुई सीधी खड़ी मुद्रा में निकलती है

(स) इसके पूर्व कि शिकारियों की नजर उसपर पड़े, वह पीठ के बल तैरने लगती है। तब सिर्फ उसके स्तन दिखाई देते हैं

936. कौन सा जानवर अपने बच्चों के लिए आया रखता है जो उनकी देखभाल करती है?

(अ) वनमानुष (ब) हाथी (स) लकड़बग्घा

937. एक पुराना और प्रचलित विश्वास है कि घरेलू कुत्ते का भेड़ियों के साथ

उत्तर के लिए कृपया पृष्ठ सं. 174 देखें।

संकरण कराने पर कुत्ते जंगली हो जाते हैं। हालाँकि यह बात सत्य नहीं है। किएल के इंस्टीट्यूट फॉर डोमेस्टिक एनिमल में भेड़ियों को कुत्तों के साथ किए संकरण के परिणामस्वरूप 'पूवा' का जन्म हुआ। इस काम के लिए किस कुत्ते का उपयोग किया गया था?

(अ) साइबेरियाई हस्की (ब) पूड्ल (स) वीमैरेनर

938. मृत व्यक्ति की उँगलियाँ *(आल्चिओनिउम दिजितातुम)* क्या है?

(अ) पॉलिप मूँगा संरचना की शाखाएँ

(ब) आर्कटिक प्लवक

(स) डॉल्फिन कुल की रेशेदार विष्ठा

939. भारत में इस वर्ग के जीव बाघ और कौए हैं जो सबसे ज्यादा संख्या में हैं। यहाँ किस प्रजाति की बात हो रही है?

(अ) तितलियों की (ब) मांसभोजी चमगादड़

(स) चिपकनेवाले कीट

940. किस जीव का गाना सबसे लंबा और मर्मस्पर्शी होता है?

(अ) चौड़ी चोंचवाली हमिंग बर्ड *(चिआंतुस लातिरोस्त्रिस)*

(ब) कूबड़वाली ह्वेल *(मेगाप्तेरा नोविएआंएग्लिए)*

(स) सुनहरी पीलक *(ओरिओलुस ओरिओलुस)*

941. किस जानवर के जीवन का अधिकांश समय पेड़ों पर लटकते हुए बीतता है?

(अ) फूलों की शक्लवाला चमगादड़ *(आंतोप्स ओर्नातुस)*

(ब) इनटेलस लंगूर *(प्रेस्बीतिस एंतेल्लुस)*

(स) दो अँगूठोंवाला स्लॉथ *(कोलोएपुस दिदाक्तिलुस)*

942. किस जानवर की आवाज में छोटे कुत्ते की भौंकने की आवाज और उल्लू के चीखने की आवाज का मिश्रण मिलता है?

(अ) जैकडॉ *(कोर्वुस मोनेदुला)*

(ब) पालास बिल्ली *(फेलिस मानुल)*

(स) ओरंगउटान *(पोंगो पिग्मेउस)*

943. डोनाल्ड डक नाम गलत क्यों है?

(अ) चूँकि कॉमिक स्ट्रिप दरअसल हंस को दिखाता है

(ब) इसे डोनाल्ड ड्रेक होना चाहिए

944. किस जानवर को नमक इतना प्रिय होता है कि वह इसके लिए डायनामाइट

उत्तर के लिए कृपया पृष्ठ सं. 174 देखें।

की छड़ी भी खा जाता है?

(अ) कनाडा की साही *(इरेतिजोन दार्सातुम)*

(ब) श्वेत चम्चोंचा *(प्लातालेआ लेउकोरोदिआ)*

(स) रेगिस्तानी छोटा कंगारू *(वाल्लाबिआ आगिलिस)*

945. हमलावर से बचने के लिए कौन सा जीव अपनी पूँछ छोड़कर भाग जाता है?

(अ) टोके *(गेको गेको)*

(ब) जॉलीटेल मछली *(गालाक्सिआस माकुलातुस)*

(स) टुआटारा *(स्फेनोदोन पुंक्तातुस)*

946. कौन से प्राणी गुलामों को भोजन जमा करने और घोंसला बनाने के लिए रखते हैं, जबकि खुद स्वच्छंद घूमते हैं?

(अ) जेट चींटी *(लासिउस फुलिगिनोसुस)*

(ब) अमेजन चींटी *(पोलिएर्गुस रूफेस्सेंस)*

(स) लाल चींटी *(फोर्मिका रूफा)*

947. जंतु-जगत् का कौन सा सदस्य अपना साथी उसके पाँव पर कंकड़ गिराकर चुनता है और कभी-कभी यह तय करना मुश्किल होता है कि वह नर है या मादा?

(अ) नर पेंगुइन (स्फेनिसिडी)

(ब) नर लेसर पंडा (ऐलूरिडी)

(स) रेगिस्तानी नर तीतर (टेरोक्लाइडी)

948. मार्सुपियल की एक प्रजाति के जानवरों के रोओं में रंगों की इतनी विभिन्नता होती है कि उस फर की प्राप्ति के लिए ऑस्ट्रेलिया में, सिर्फ एक मौसम में दस लाख जीव मार दिए गए थे? यह कौन सा जानवर था?

(अ) कोएला भालू (ब) ब्रश जैसी पूँछवाला पोसम

(स) छोटा कंगारू

949. कौन सा जीव एक साथ दो दिशाओं में देख सकता है?

(अ) एलिगेटर (एलिगेटोरिडी) (ब) एगामिड (एगामिडी)

(स) गिरगिट (चैमेलियॉनिटिडी)

950. किन जानवरों को इंजीनियर और भवन-निर्माता माना जाता है? ये पत्थरों, लकड़ियों और कीचड़ से अपने लिए वातानुकूलित घर बनाने में कुशल हैं।

उत्तर के लिए कृपया पृष्ठ सं. 174 देखें।

(अ) बया चिड़िया (ब) छछूँदर (स) जुलाहा पक्षी

951. बहुत सालों तक दंताकृतियाँ एक विशेष जानवर के दाँत से बनाई जाती थीं। इसकी माँग हाथी दाँत से भी ज्यादा थी, क्योंकि ये पीली नहीं पड़ती थीं। यह कौन सा जानवर था?

(अ) नीली ह्वेल (ब) दरियाई घोड़ा (स) ऊँट

952. द्वितीय विश्वयुद्ध के दौरान अमेरिकियों ने इस जीव को दुश्मन की जमीन पर एक जीवित अग्नि बम के रूप में भेजने की योजना बनाई थी। मगर यह योजना उसके भुक्खड़ स्वभाव के कारण अमल में नहीं लाई जा सकी। यह कौन सा जीव है?

(अ) कबूतर (ब) डॉल्फिन (स) चमगादड़

953. किस जीव के बारे में कहा जा सकता है कि इसका दर्शन है, 'अगर आपके सामने का जीव छोटा है तो उसे खा जाओ और अगर बड़ा है तो भाग जाओ। यदि समान आकार का है तो उसके साथ यौन आनंद लो'?

(अ) चिहुआहुआ (ब) मेढक (स) बद्धहस्त कीट, मैंटिस

954. किस प्रकार के कपड़े की ओर मच्छर कम आकर्षित होते हैं?

(अ) मोटा रेशम (ब) चमकीला साटन (स) शुद्ध लिनेन

955. कौन सा जानवर जाड़े में अपना नाम और कोट का रंग बदलता है?

(अ) स्टोट, भूरा—एरमाइन से, श्वेत

(ब) कंगारू चूहा, भूरा—मिंक से, श्वेत

(स) गिलहरी, लाल—सेबल से, श्वेत

उत्तर के लिए कृपया पृष्ठ सं. 174 देखें।

और भी बहुत कुछ

956. कछुए बुरी तरह से काट सकते हैं। इनके कितने दाँत होते हैं?

(अ) 14 (ब) 8 (स) एक भी नहीं

957. सरीसृप की एक बड़ी पहचान है, जो पक्षियों और स्तनधारियों में नहीं होती है। यह क्या है?

(अ) वे मृत्युपर्यंत वृद्धि करते रहते हैं

(ब) वे जल्दी-जल्दी केंचुल उतारते हैं

(स) उनके अंगों में पीछे की ओर मुड़े हुए नाखून होते हैं

958. निम्नांकित में से किसका मस्तिष्क दूसरे की तुलना में 31 प्रतिशत छोटा होता है?

(अ) कुत्ता (ब) भेड़िया (स) बिल्ली

959. निम्नांकित में से कौन भालू (यूरीसीडी) नहीं है?

(अ) कोएला भालू (ब) भूरा भालू (स) ध्रुवीय भालू

960. निम्नांकित में से कौन 100 से.मी. की ऊँचाई प्राप्त कर सकता है?

(अ) जंगली सूअर (ब) कुत्ता

(स) शेर (द) टापीर

(य) बाघ (र) उपर्युक्त सभी

961. बैल और साँड़ में क्या अंतर है?

(अ) साँड़ की गरदन छोटी और मोटी होती है

(ब) बैल काले हो` हैं और साँड़ मलाई के रंग के होते हैं

(स) साँड़ बधिया किए गए बैल होते हैं

उत्तर के लिए कृपया पृष्ठ सं. 174 देखें।

962. किस कार का उपनाम बीट्ल या बग रखा गया है?

(अ) वोल्कस्वाजेन (ब) साइट्रीन (स) जैगुआर

963. अंतरिक्ष में जानेवाला पहला जानवर कौन था?

(अ) कुत्ता (ब) तिलचट्टा (स) वनमानुष

964. कौन सा घरेलू जीव सामाजिक समूह में नहीं रहता है?

(अ) घोड़ा (ब) बिल्ली (स) कुत्ता

965. तेंदुए अपने शिकार का कौन सा हिस्सा खाते हैं। इसे श्रेणीबद्ध करें?

(अ) यकृत (ब) वृक्क

(स) हृदय (द) नाक

(य) जीभ (र) आँख

966. सिंह का शिकार हमेशा स्वयं सिंह के द्वारा नहीं मारा जाता है। कई बार शिकार अन्य जानवरों के द्वारा मारा जाता है। इसका प्रतिशत कितना है?

(अ) 75% सिंहनी, 12% अन्य बिल्ली जाति के जानवर और 12% स्वयं

(ब) 40% सिंहनी, 50% स्वयं और 10% अन्य बिल्ली जाति के जानवर

(स) 10% सिंहनी, 60% स्वयं और 30% अन्य बिल्ली जाति के जानवर

967. पैचीडर्म (मोटी चमड़ीवाले) क्या हैं?

(अ) जुगाली न करनेवाले, खुरवाले और मोटी त्वचावाले जानवर

(ब) चार घुटनों और खुरोंवाले जानवर

(स) लंबे बालोंवाले मांसभक्षी चौपाए जानवर

968. चिकित्सा व्यवहार का प्रतीक कौन सा जानवर है?

(अ) बकरी (ब) सर्प (स) हाइरैक्स

969. जंतु-जगत् का सबसे बड़ा विभाग क्या है?

(अ) अर्थोपोडा (ब) कशेरुकी

970. अर्थोपोडा क्या है?

(अ) बाहरी कंकाल और संयुक्त पाँव की जोड़ीवाले जीव

(ब) आंतरिक कंकाल और संयुक्त पैरों की जोड़ियोंवाले जीव

(स) आगे बढ़ने के लिए अंगों का उपयोग करनेवाले जीव

971. किस जानवर के कंकाल से मूँगा बनता है?

(अ) पॉलिप (ब) मूँगा चट्टान (स) जलीय चट्टान

972. उड़नेवाली लोमड़ी क्या है?

उत्तर के लिए कृपया पृष्ठ सं. 174 देखें।

(अ) फल खानेवाला चमगादड़ (ब) उड़नेवाली गिलहरी
(स) लोमड़ी की लुप्तप्राय प्रजाति

973. किस स्तनधारी को हिंदी में 'सुसु' कहते हैं?
(अ) गंगा की डॉल्फिन *(प्लातानिस्ता गांगेतिका)*
(ब) ट्रिंकेट सर्प *(एलाफे हेलेना)*
(स) दक्षिण भारतीय व चट्टानी छिपकली *(प्साम्मोफिलुस दोर्सालिस)*

974. घोड़ों में किस जीव से इन्फ्लुएंजा फैलता है?
(अ) घोड़ोंवाला पिस्सू (ब) चूहा (स) घोड़ा मक्खी

975. किस प्रकार के जानवरों के पाँव दौड़ने के लिए बहुत विकसित होते हैं?
(अ) अंगुलिग्रेड जानवर—हाथी, सूअर, गाय और घोड़ा
(ब) प्लांटिग्रेड जानवर—मनुष्य, बंदर और भालू
(स) डिजिटिग्रेड जानवर—कुत्ता और बिल्ली

976. किस जीव के पाँव में सिर्फ एक उँगली रह गई है?
(अ) कंगारू (ब) हाथी (स) घोड़ा

977. स्लॉथ हरे रंग का क्यों दिखाई देता है?
(अ) इसके हरे रोएँ होते हैं
(ब) इसके रोएँ में बारीक शैवाल होते हैं
(स) इसके रोएँ सतरंगी होते हैं

978. कौन सा जानवर इन रंगों के जरिए बताए जाते हैं—पैलोमिनो (स्वर्णाश्व), बे (भूरा), चेस्टनट (अखरोटी), गोल्डन डुन (सुनहरा धूसर), पेंट?
(अ) शूकर (ब) तीतर (स) घोड़ा

979. निम्नांकित में जीवित जीवाश्म कौन है?
(अ) दैत्य बतख के जीवाश्म *(नेमिओर्निस)*
(ब) सीलाकैंथ *(लातिमेरिआ कालुम्ने)*
(स) समुद्री चूहा *(एफ्रोदिते आकुलेआता)*

980. शेर और भालू किस जीव को उसके सुरक्षा कवच के कारण ज्यादा तरजीह देते हैं?
(अ) साही (ब) तस्मानियाई दानव (स) काँटा चूहा

981. कौन सा जानवर अपने आक्रमणकारी पर हानिकारक द्रव्य फेंककर अपनी रक्षा करता है? यह द्रव आक्रमणकारी को थोड़ी देर के लिए अंधा बना

उत्तर के लिए कृपया पृष्ठ सं. 174 व 175 देखें।

देता है?

(अ) श्रू (सोरिसिडी) (ब) स्कंक (मस्टेलिडी)

(स) ऊदबिलाव (विवेरिडी)

982. जंतु-जगत् में किस जीव को सबसे बुद्धिमानों में से एक माना जाता है, यह खाने के पूर्व अपने भोजन को साफ करता है?

(अ) चिंपांजी (पोंगिडी) (ब) रैकून (प्रोसियोनिडी)

(स) घरेलू बिल्ली (फेलिडी)

983. निम्नांकित में से एक ऐसा जीव है जिसमें मध्य पट होता है, पर वह स्तनधारी नहीं है?

(अ) मगरमच्छ (ब) टुआटेरा

(स) गोह (मॉनिटर लिजर्ड)

984. किस जीव का स्थानीय नाम कस्तूरी है?

(अ) छोटा भारतीय ऊदबिलाव (ब) कस्तूरी हिरन

(स) हिमालयन कथियान्याल (वीजेल)

985. अगले और पीछे अंगों से जुड़ी त्वचा के बड़े डैने इस जीव को उड़ने में और एक पेड़ से दूसरे पेड़ तक छलाँग लगाने में मदद करते हैं। यह कौन सा जानवर है?

(अ) उड़नेवाली गिलहरी (टेरोमाइनी)

(ब) नकली वैंपायर चमगादड़ (मेगाडरमैटिडी)

(स) हुटिया (कैपरोमाइडी)

986. उल्लू और स्लॉथ में क्या समानता है?

(अ) वे प्रतिदिन सोलह घंटे से ज्यादा सोते हैं

(ब) सिर्फ यही दो जीव हैं जो अपनी गरदन 180 डिग्री में घुमा सकते हैं

(स) सिर्फ ये ही तीन उँगलियोंवाले जानवर हैं

987. किस एकमात्र जानवर के चार घुटने हैं?

(अ) हाथी (ब) अल्पाइन साकिन (इवेक्स) (स) ओकापी

988. ट्रोगोन क्या हैं?

(अ) उष्णकटिबंधीय जंगल के पक्षी

(ब) शुतुरमुर्ग कुल के उड़ पानेवाले पक्षी

(स) छिपकलियों के पूर्वज—डायनोसॉर

उत्तर के लिए कृपया पृष्ठ सं. 175 देखें।

989. जंतु-जगत् में सहजीविता का सबसे अच्छा उदाहरण किसका है ?

(अ) एकांतबासी केकड़ा *(कोएनोबिता हिल्गेंद्रोर्फी)* और समुद्री एनीमोन *(कालिआक्तिस पारासीतिका)*, जो इसकी खोल से स्वयं को जोड़ लेता है।

(ब) भूमध्यसागरीय *कारापुस आकुस,* जो समुद्री ककड़ियों (सी कुकुंबर्स) के अंदर रहते हैं।

(स) *आस्कारिस लुंब्रिकोइदेस* कृमि पालतू सूअर के शरीर में रहता है।

990. स्वर्ण मछली (गोल्डफिश) किस प्रजाति की है ?

(अ) कार्प (ब) हेरिंग (स) सालमन

991. विश्व में सबसे ज्यादा किस प्रजाति के पक्षी पाए जाते हैं ?

(अ) घरेलू कौआ (ब) लाल चोंचवाली क्वेल

(स) घरेलू गौरैया

992. चमगादड़ और डॉल्फिन में क्या समानता है ?

(अ) दोनों 'इकोलोकेशन' के जरिए चलते हैं

(ब) दोनों को समान तापक्रम और नमी की जरूरत होती है

(स) दोनों में उड़नेवाली एक प्रजाति है।

993. पेंगुइन कहाँ रहते हैं ?

(अ) उत्तरी ध्रुव में (ब) दक्षिणी ध्रुव में

994. मेढक के अंडों की ढेरी और टोड के अंडों की ढेरी में क्या अंतर है ?

(अ) मेढक पानी में अंडे देता है और टोड जमीन पर

(ब) मेढक ढेले के रूप में अंडे देता है और टोड लंबी डोरी की शक्ल में

(स) मेढक के अंडों की ढेरी का रंग सफेद होता है, जबकि टोड के अंडों की ढेरी का रंग पीला

995. भारत में प्रोजेक्ट टाइगर की शुरुआत कब हुई थी ?

(अ) 1947 ई. (ब) 1972 ई. (स) 1964 ई.

996. पोसम और अपोसम के बीच क्या अंतर है ?

(अ) अपोसम अमेरिकी मार्सुपियल है, जबकि पोसम ऑस्ट्रेलियाई मार्सुपियल

(ब) अपोसम पेड़ पर रहनेवाला है, जबकि पोसम के साथ ऐसा नहीं है

(स) अपोसम बहुपूर्वदंत (पॉलीप्रोटोडॉन्ट) है, जबकि पोसम द्विपूर्वदंत

उत्तर के लिए कृपया पृष्ठ सं. 175 देखें।

(डाइप्रोटोडॉन्ट) है

997. अफ्रीकी हाथी और बबून में क्या समानता है?

(अ) ये ही एकमात्र जानवर हैं जो पानी के लिए जमीन खोदते हैं

(ब) दोनों को बाओबाब वृक्ष की पत्तियाँ विशेष रूप से पसंद हैं

(स) दोनों की पूँछ पर बड़ा लाल धब्बा होता है, जैसे-जैसे जानवर बड़ा होता है वैसे-वैसे रंग हलका होता जाता है

998. हाथी, दरियाई घोड़ा और गैंडे के बीच क्या समानता है?

(अ) ये सभी मोटी चमड़ीवाले (पैचीडर्म) जानवर हैं

(ब) ये सभी विलुप्ति के कगार पर हैं

(स) ये दुनिया के तीन सबसे बड़े स्थलीय जीव हैं

999. निम्नांकित में से कौन पौराणिक जानवर नहीं है?

(अ) डोडो (ब) एकशृंगी

(स) हिम मानव (द) लॉच-नेस मॉन्स्टर

1000. आपने स्कंक का नाम सुना है; स्कंक क्या चीज है?

(अ) मादा स्कंक

(ब) जमीन पर रहनेवाली छोटी छिपकली

(स) नीले रंगवाला चूहा।

☐

उत्तर के लिए कृपया पृष्ठ सं. 175 देखें।

उत्तरमाला

1. (ब) सर्वल (बिल्ली की जाति का अफ्रीकी जानवर)
2. (स) रोच
3. (स) तिलचट्टा
4. (स) लामा (हिरण जैसा एक जीव)
5. (ब) मकड़ी
6. (स) कबूतर
7. (स) कैपरकैली
8. (अ) सिब्बल्ड का रोरक्वैल *(बालेनोप्तेरा मुस्कुलुस)*
9. (ब) शुतुरमुर्ग *(स्त्रूतिओ कामेलुस)*
10. (स) मर्मर चिड़िया *(मेल्लिसुगा हेलेनाए)*
11. (ब) आम टेनरेक *(चेंतेतेस एकाउदातुस)*
12. (ब) हाथी
13. (अ) सूँस (पोर्पोएस)
14. (ब) सूँस
15. (ब) गाय
16. (अ) आम छछूँदर *(सोरेक्स आरानेउस)*
17. (अ) घरेलू मक्खी *(मुस्का दोमेस्तिका)*
18. (ब) बीटल्स (कोलेओप्टेरा)
19. (अ) पिस्सू (सिफोनाप्टेरा)
20. (अ) चीन का विशाल सैलामांडेर *(मेगालोबाक्त्रुस दाविदिआनुस)*
21. (ब) शुतुरमुर्ग *(स्त्रूतिओ कामेलुस)*
22. (ब) शुतुरमुर्ग *(स्त्रूतिओ कामेलुस)*
23. (अ) काँटेदार पूँछवाली पर्वतीय चिड़िया *(आपुस मेल्बा)*
24. (ब) दानव स्क्विड *(आर्कितेउतिस प्रिंचेप्स)*
25. (स) पिग्गी मार्मोसेट *(चेबुएल्ला पिग्मेआ)*
26. (स) कोरी सारंग *(आर्देओतिस कोरी)*
27. (स) विशाल स्क्विड *(आर्कितेउतिस प्रिंचेप्स)*
28. (अ) अफ्रीकी गोलियाथ बीट्ल *(गोलिआतुस मेलेआग्रिस)*
29. (ब) गालपागोस कछुआ *(तेस्तुदो एलेफांतोपुस)*
30. (अ) पक्षी
31. (ब) रैगडॉल
32. (स) गंजी चील *(हालिआचेतुस लेउकोचेफालुस)*

33. (अ) एस्चुअरी का मगरमच्छ *(क्रोकोदिलुस पोरोसुस)*

34. (अ) किंग कोबरा *(ओफिओफागुस हन्ना)*

35. (स) जालीदार अजगर *(पीतोन रेतिकुलातुस)*

36. (अ) सूत्र सर्प *(लेप्तोतिफालोप्स बिलिनेआता)*

37. (ब) सिंगापुरा

38. (स) उत्तर अटलांटिक लॉब्स्टर *(होमारुस अमेरिकानुस)*

39. (ब) जिराफ *(जिराफ्फा कामेलोपार्दालिस)*

40. (स) नर पतंगा *(एउदिआ पावोनिआ)*

41. (अ) अफ्रीकी हाथी *(लोक्सोदोंता आफ्रीकाना)*

42. (अ) चीता *(आचिनोनिक्स युवातुस)*

43. (स) एशियाई हाथी *(एलेफास माक्सिमुस)*

44. (स) पनियल भैंस *(बुबालुस आर्ने)*

45. (स) सेंट बरनार्ड

46. (स) सालुकी

47. (ब) आयरिश वुल्फहाउंड

48. (अ) चिटुआहुआ

49. (स) जोरिला *(इक्तोनिक्स स्त्रिआतुस)*

50. (अ) लाल चोंचवाला क्विली *(क्वेलेआ क्वेलेआ)*

51. (अ) अल्बाट्रॉस *(दिओमेदिआ एस्कुलांस)*

52. (ब) कीवी *(आप्तेरिक्स आउस्त्रालिस)*

53. (अ) घरेलू टर्की *(मेलेआग्रिस गाल्लोपावो)*

54. (अ) ड्वार्फ ब्लू *(ब्रेफिदिउम बार्बेरे)*

55. (अ) लंबी पूँछवाला मुरगा *(गाल्लुस ओनागदोरि)*

56. (स) गैबून वाइपर *(बीतुस गाबोनिका)*

57. (अ) एंडीयन गिद्ध *(बुल्तुर ग्रिफुस)*

58. (अ) काला मंबा *(देंद्रोआस्पिस)*

59. (स) कोकोई एरो जहरीला मेढक *(फील्लोबातेस बिकोलोर)*

60. (स) ह्वेल शार्क *(रिन्कोंदोन तिपुस)*

61. (अ) ह्वेल शार्क *(रिन्कोंदोन तिपुस)*

62. (स) शुतुरमुर्ग *(स्त्रूतिओ कामेलुस)*

63. (अ) इंडो-पैसिफिक समुद्री घोड़ा *(हिप्पोकांपुसकुदा)*

64. (स) सेलफिश *(इस्तिओफोरुस प्लोतिप्तेरुस)*

65. (ब) स्टोनफिश *(साइनैनसिडी)*

66. (अ) घुमक्कड़ मक्खी *(मिदास हेरोस)*

67. (स) कोमोडो परतदार साँप *(वारानुस कामोदोएंसिस)*

68. (अ) बेवा काली मकड़ी *(लाक्त्रोदेक्तुस माक्ताउस)*

69. (अ) रानी दीमक (आइसोप्टेरा)

70. (अ) रेगिस्तानी टिड्डी *(स्किस्तोचेर्का ग्रेगारिआ)*

71. (अ) मार्लिन्स (टेट्रापट्यूरस)

72. (स) नुकीले सींगोंवाला मृग

(आंतिलोकार्पा अमेरिकाना)

73. (ब) अमेरिकी अपोसम *(दिदेल्फिस मार्सुपिआलिस)*

74. (स) मरमोसेट *(काल्लीत्रिक्स याक्कुस)*

75. (अ) साइबेरिया का लंबे रोएँवाला बाघ *(लेओ तीग्रिस आत्ताइका)*

76. (अ) चित्तीदार बिल्ली *(फेलिस रुबिजिनोसा)*

77. (ब) एलिफैंट सील (सिस्टोफोरिनी)

78. (अ) मैनड्रिल *(मांद्रिल्लुस स्फिनक्स)*

79. (स) घरेलू बकरी *(काप्रा हिर्कुस)*

80. (अ) कशेरुकी चींटीखोर *(ताकिग्लोस्सुस आकुलेआतुस)*

81. (ब) अरबियन गजेल हाउंड

82. (अ,ब)

83. (अ) छछूँदर

84. (ब) सावि का पिग्मी छछूँदर *(सोरेक्स मिनुतुस)*

85. (अ) यूरोपीय छछूँदर *(ताल्पा एउरोपेआ)*

86. (अ) खरगोश

87. (स) यूरोपीय चील-उल्लू *(बूबो बूबो)*

88. (अ) जापानी पफरफिश *(आरोत्रोन तेत्राओदोन)*

89. (ब) अफ्रीकी ग्रास स्नेक *(प्साम्मोफिस फुर्कातुस)*

90. (ब) नारियल केकड़ा *(बिर्गुस लात्रो)*

91. (अ) विशाल मकड़ी सदृश केकड़ा *(माक्रोकेइरा काएंफेरि)*

92. (ब) वाटरगन के ज़रिए पानी की बौछार से मारते हैं

93. (अ) फ्रैंकफर्ट

94. (ब) बहुकोशकीय अकशेरुकी जीव *(फीलुम पोरीफेरा)*

95. (स) सीप *(मोडियोली)*

96. (स) कौड़ी

97. (स) लगातार डंडे से वार करने के बाद जीवित खाल उतारी जाती है

98. (स) दो

99. (अ) कोइपू *(मीओकास्तोर काएपुस)*

100. (ब) रैटफिश *(चिमीरीकॉर्म्स)*

101. (अ) गुआनो

102. (ब) वेनिसन

103. (ब) कोएला

104. (ब) सींग

105. (अ) कॉमन वोंबैट *(वोंबातुस हिर्सुतुस)*

106. (ब) ईडरबतख

107. (ब) रैकून कुत्ता *(निक्तेरेउतेस प्रोचिओनोइदेस)*

108. (ब) गधा

109. (ब) स्विफ्टलेट्स

110. (अ) मेरिनो

111. (अ) रोयल स्टर्जियन के अंडे *(हुसो*

हुसो)
112. (ब) जंगली बकरी *(काप्रा एगाग्रुस)*
113. (स) कस्तूरी वृषभ *(ओविबोस मोस्कातुस)*
114. (ब) 10-15
115. (अ) जेब्रा
116. (अ) 3000
117. (अ) मीलीकीट *(दाक्तिलोपिउस इंदिकुस)*
118. (अ) मछली
119. (स) शल्की कीटों (हीमोप्टेरा) के द्वारा झाऊ के पेड़ में किए गए छेद से रिसा हुआ रस
120. (स) *लाचिफेर लाक्का* नामक छोटे कीट के कंकाल से
121. (अ) 20
122. (ब) थैलीधारी चींटीखोर *(मिर्मेकोबिउस फास्सिआतुस)*
123. (ब) कस्तूरी
124. (ब) स्पेर्म ह्वेल *(फीसेतेर कातोदोन)*
125. (अ) भौंरे का कठोर शल्क
126. (अ,ब)
127. (ब) मोती
128. (ब) मधुमक्खी
129. (अ) कराकुल भेड़
130. (ब) ड्यूगाँग *(दुगोंग दुगोंग)*
131. (ब) गंधबिलाव
132. (ब) साइबेरियाई साकिन *(काप्रा इबेक्स सिबिरिका)*
133. (अ) ऊदबिलाव (कैस्टोरिडी)
134. (अ) बोबक मर्मोट *(मार्मोता बोबाक सिबिरिका)*
135. (अ) वेटेरिनेरियन
136. (ब) ब्रश
137. (अ) बिज्जू का बिल
138. (अ) अंत
139. (अ) जेनी
140. (ब) लाइगॉन
141. (अ) रेंगना
142. (अ) कुतरना
143. (ब) गिलहरी
144. (अ) प्राइड
145. (ब) ट्रूप
146. (स) भयानक छिपकली
147. (स) क्लच
148. (ब) वनवासी
149. (ब) टाइन्स
150. (अ) मिठन
151. (ब) नर याक और घरेलू गाय
152. (अ) ग्रंथि से उत्पन्न सुगंध के लिए अरबी शब्द
153. (ब) फुदकनेवाली चुहिया (फ्लिटरमाइस)
154. (ब) स्टाई
155. (ब) लुहार
156. (ब) दो जीवन होना
157. (अ) शूकर चूहा
158. (ब) गैम
159. (अ) किंडल
160. (स) लीप
161. (ब) वाच
162. (स) चीपर
163. (अ) कॉकरेल

164. (अ) सिग्नेट
165. (ब) फिंगरलिंग
166. (स) लेवेरेट
167. (ब) पॉलीवॉग
168. (अ) स्वैब
169. (ब) जोई
170. (स) इल्मर
171. (स) दोनों की गति बराबर है
172. (अ) अवशेष
173. (स) पैलिएंटोलॉजी
174. (ब) जमा करनेवाला
175. (स) लंबी पूँछवाला
176. (स) सिर में पाँव लगे हों
177. (स) क्लाउड
178. (ब) साउंडर
179. (अ) क्लटर
180. (अ) पेस
181. (स) मर्डर
182. (ब) बिजनेस
183. (स) स्कल्क
184. (ब) स्टक
185. (अ) डेन
186. (स) नॉट (knot)
187. (ब) मस्टर
188. (ब) अनकाइंडनेस
189. (ब) यूनान
190. (ब) कॉर्बेट राष्ट्रीय उद्यान, उत्तरांचल
191. (ब) चीन
192. (स) संयुक्त राज्य अमेरिका
193. (ब) मयूर *(पावो क्रिस्तातुस)*
194. (अ) स्पेन
195. (ब) दक्षिणी अमेरिका
196. (अ) स्वर्ग के पक्षी (पैराडाइजीनी)
197. (ब) रीवा, भारत
198. (ब) जापानी बुज्जा *(निप्पोनिआ निप्पोन)*
199. (अ) गलपागोस द्वीप
200. (ब) मैडागास्कर
201. (स) पाँच पट्टियोंवाली पाम गिलहरी
202. (ब) जंगली भेड़; पंजाब, सिंध और बलूचिस्तान
203. (ब) एक सींगवाला भारतीय गैंडा
204. (ब) भारतीय भूरा नेवला *(हेर्पेस्तेस फुस्कुस)*
205. (अ,ब)
206. (अ) काजीरंगा, असम
207. (अ,स)
208. (स) भूरा चूहा *(रात्तुस नोर्वेजिकुस)*
209. (ब) मिस्र
210. (अ) अमेरिका महादेश का क्षेत्र
211. (ब) अफ्रीका
212. (अ) मॉरीशस
213. (अ) डॉल्फिन
214. (अ) चिकागो—सिकाको या स्कंक
215. (ब) एलिगेटर *(आल्लिगातोर मिस्सिस्सिपिएंसिस)*
216. (स) सुनहरी चील *(आकुइला क्रिसाएतोस)*
217. (अ) गंजी चील *(हालिआएतुस लेउकोचेफालुस)*
218. (अ) वियना, लिपिजेनर
219. (ब) एशियाई जंगली गधा *(एक्वूस हेमोनिउस)*
220. (स) धूँस चूहा *(बांदिकोता बेंगालेंसिस)*

221. (अ) बाघ
222. (स) असम के पर्वतीय वन
223. (ब) रीछ
224. (ब) चीन
225. (स) क्वींसलैंड के ग्रेट बैरियन रीफ
226. (स) पूर्वी गोशॉक *(आच्चिपीतेर बाज)*
227. (अ) कुरंग (काला मृग) *(आंतिलोपे चेर्विकाप्रा)*
228. (ब) गंजी चील *(हालिआएतुस लेउकोचेफालुस)*
229. (ब) क्वेजल *(फारोमाक्रुस मोकिनो)*
230. (ब) भारत
231. (अ) मध्य अफ्रीका
232. (ब) स्यामी बिल्ली
233. अ-अ, ब-ल, स-ब, द-व, य-र, र-य, ल-स, व-द
234. (स) ग्लैंड, स्विट्जरलैंड
235. (स) बहराइच, उत्तर प्रदेश
236. (अ) डाचीगाम राष्ट्रीय उद्यान, कश्मीर
237. (अ) गिर राष्ट्रीय उद्यान और रिजर्व, गुजरात
238. (स) दुधवा राष्ट्रीय उद्यान, उत्तर प्रदेश
239. (स) इराविकुलम राष्ट्रीय उद्यान, केरल
240. (ब) कान्हा राष्ट्रीय उद्यान, मध्य प्रदेश
241. (स) केवलादेव घाना पक्षी अभयारण्य, भरतपुर
242. (ब) अपनी पूँछ उठाकर पिछाड़ी का धब्बा दिखाते हैं
243. (अ) कुत्तों में स्वेद ग्रंथि नहीं होती है, इसलिए मुँह के जरिए पानी को वाष्पीकृत करने के बाद वे ठंडे होते हैं
244. (अ) गरम हवा की सतह को फँसाने के लिए
245. (ब) यह पूर्ण समर्पण दिखाता है
246. (ब) गुस्सा
247. (ब) बगावत, हमला और काटना
248. (ब) अच्छी मनोदशा और संतुष्टि
249. (स) वह नए समूह में जाकर उनके सारे बच्चों को मार डालती हैं
250. (अ) यह अपनी कलाई घुमाता है
251. (ब) वाष्पीकृत म्यूकस शरीर के तापक्रम को ठंडा रखने में मदद करता है
252. (अ) रास्ते में पेशाब करते हुए
253. (ब) प्रकाश से उन्हें कोई आपत्ति नहीं है। यह तापक्रम में परिवर्तन है जो उन्हें प्रभावित करता है
254. (स) यह दुश्मन पर स्वयं को पीछे की ओर से धक्का देकर छलाँग लगाता है
255. (अ) यह पूँछ को अपनी गरदन में लपेट लेता है
256. (अ) यह अपने से ज्यादा बड़े मांसाहारी जानवरों—भालू और भेड़ियों को चुनौती देता है और उनका शिकार लेकर भाग जाता है

257. (अ) धूल
258. (ब) यह शरीर को टहनियों से ढक देता है
259. (अ) यह विश्वास भ्रामक है
260. (अ) सूर्यास्त के एक घंटा पूर्व
261. (अ) उसकी गोल पुतलियाँ बड़ी हो जाती हैं और कान खड़े हो जाते हैं
262. (अ) हाथी
263. (ब) वह उसके मुँह में घास का एक निवाला ठूँसती है
264. (स) नर लोमड़ी बच्चों को पालने-पोसने की जिम्मेवारी लेता है
265. (ब) जहाँ शिकार गिरा पड़ा है, वहाँ गए बिना वहाँ का रास्ता बताता है
266. (स) वे नाक और पेट सूँघते हैं
267. (ब) भय
268. (ब) अपनी पूँछ कमर तक उठाने का
269. (ब) कंगारू का बच्चा
270. (ब) इच्छित प्रतिक्रिया (कंडीशंड रिफ्लेक्स)
271. (स) तनाव की वजह से एड्रिनलिन प्रवाहित होने लगता है, बालों की जड़ों की पेशियों में होनेवाली प्रक्रिया बालों को खड़ा करती है
272. (ब) नहीं, यह मात्र चाटता है
273. (ब) 16
274. (ब) वे ढेर के ऊपर अपना भोजन जमा कर देते हैं, कुछ समय बाद बालू नीचे गिरकर बैठ जाता है और जीव बाहर निकल आता है
275. (अ) वे अपना पेट बाहर की ओर निकाल लेते हैं और शिकार को चारों तरफ से घेरकर ढक लेते हैं, और फिर इसे पचाना शुरू कर देते हैं, जब यह अंशत: पच जाता है तो पेट और बचे हुए भोजन को सिकोड़ लेते हैं
276. (ब) वे अपनी पूरी अँतड़ी को बाहर निकालकर फेंक देती हैं और पुनर्वृद्धि के लिए रेंगकर निकल जाती हैं
277. (अ) जैसे ही यह शिकार के पास होता है, अपने पंजे खोल देता है, शिकार को अचेत कर देता है, जब मछली ऊपर आ जाती है तो इसे पकड़ लेता है
278. (अ) गोधूलि वेला
279. (ब) हाथ
280. (अ) सर्प, कड़े खोलवाले जीव (क्रिस्टेशियंस) और कीटों द्वारा बाहरी कवच उतारना
281. (अ) इंप्रिंटिंग
282. (स) पर्यावास के संदर्भ में पशु स्वभाव का अध्ययन
283. (अ) ये जीव-जगत् के दो मुख्य वर्ग हैं
284. (अ) मक्खी
285. (ब) मुख के निकट
286. (ब) आमाशय

287. (अ) जीवों का उसके माहौल से संबंध का अध्ययन
288. (अ) जो जीव पहले पालतू था बाद में जंगली बन गया
289. (अ) हलका भूरा रंग
290. (ब) वे शिशु को जन्म देते हैं
291. (अ) जीव-जगत् के सम्मेलन में स्थिति दरशाने के लिए
292. (ब) डोर्सल (पृष्ठीय)
293. (ब) अंडे का श्वेत प्रोटीन
294. (अ) द्रव से भरा थैला, जिसमें गर्भ विकसित होता है
295. (ब) पानी की तलहटी में रहनेवाले जीवों और पौधों के लिए एक साथ निरूपित होनेवाला शब्द
296. (ब) वे जीव जिनके शरीर का तापमान वातावरण के साथ बदलता है
297. (ब) सजीव जगत् का अध्ययन
298. (अ) जीवों द्वारा प्रकाश का उत्पादन
299. (स) जलीय जीव के ऊपरी चमड़े के नीचे की मोटी परत
300. (ब) कैटरपिलर (इल्ली)
301. (अ) वैसा जीव जो दूसरे जीव के बाहरी हिस्से पर परजीवी की तरह रहता है
302. (अ) मनुष्य की उत्पत्ति का सबसे पुराना सिद्धांत
303. (अ) F1 पीढ़ीवालों से उत्पन्न संतान
304. (अ) एक कोशकीय जीव से निकलनेवाला धागा जो गतिशील होने के काम में प्रयुक्त होता है?
305. (स) लैंगिक कोशिकाओं और हारमोन पैदा करनेवाले जननांग
306. (ब) एक परजीवी जो दूसरे परजीवी पर आश्रित होता है
307. (अ) एक कीट की वयस्क अवस्था
308. (स) केराटिन
309. (अ) स्वच्छ जल में पाए जानेवाले जीवों और पौधों का अध्ययन
310. (स) सजीवों की आकृति का अध्ययन
311. (अ) मुख
312. (अ) रेशमकीट पालन और रेशम उत्पादन
313. (ब) ऐसा स्थान जहाँ जीव बिलकुल उनकी प्राकृतिक स्थिति के अनुसार रखे जाते हैं
314. (अ) पानी के ऊपरी हिस्से में तैरनेवाले जीव
315. (अ) 100 फैदम गहरे जल में रहनेवाले जीव
316. (ब) कृत्रिम उपायों से मछली पालन
317. (अ) बिना निषेचन के अंडाणु का विकास
318. (अ) पाँव की अँगुली की एक हड्डी
319. (अ) जीव और कीट अपने रंगों से दरशाते हैं कि वे या तो जहरीले

हैं या वमनकारी द्रव निःसृत करते हैं

320. (अ) पालतू मुरगा

321. (ब) पौधों और जीवों के अध्ययन के लिए चयनित जमीन का टुकड़ा

322. (अ) एक प्रकार का प्राणी, जो अरबों वर्ष तक अपरिवर्तित पड़ा रहता है

323. (ब) व्यावसायिक उद्देश्य से मधुमक्खी पालन

324. (अ) स्थलीय जीवों के लिए प्रकृतशाला

325. (स) सर्प और उभयचरों का अध्ययन

326. (स) मोलस्क वर्ग के सीपी शंखों का विज्ञान

327. (अ) मृत जीवों को सुरक्षित रखने के लिए उसमें ठूँसने-भरने, संरक्षण करने और जड़ने की कला

328. (अ) कीटों का विज्ञान

329. (स) परजीवी कीड़ों का अध्ययन

330. (ब) स्वेच्छापूर्वक अपने अंगों को तोड़ सकते हैं और खोए अंगों को फिर से बढ़ा सकते हैं

331. (ब) जलीय/नदी का पक्षी

332. (स) माउल्टिंग

333. (स) बहु पत्नी

334. (अ) ग्रीष्मशयन

335. (ब) नियंत्रण के लिए कीटों के नजदीकी दुश्मन का उपयोग

336. (अ) पारस्परिक हितार्थ दो जीवों के बीच गहरा संबंध

337. (अ) उपयुक्त उद्दीपक की अनुपस्थिति में जब जीव जीन के स्तर पर प्रोग्रामित तरीके से व्यवहार करता है

338. (अ) पक्षियों द्वारा पुष्प परागण

339. (ब) शीतशयन

340. (अ) सीलेंटेरेटा जगत् का कंघीनुमा जेलीफिश

341. (ब) चींटी खानेवाला मिरमीकोफैगिडी परिवार का शल्कदार जीव

342. (ब) एंटीलोपिनी उपपरिवार का एक ग्नू

343. (अ) बौना हिरण

344. (अ) कलगीवाली छिपकली

345. (अ) तितली और शलभ (लेपिडोप्टेरा)

346. (स) कृंतक गिलहरी

347. (अ) एस्ट्रिलडिडी परिवार का एक पक्षी

348. (ब) रजत मछली

349. (अ) साइनोसेफालिडि परिवार का उड़नेवाला लेमूर

350. (अ) तितलियाँ

351. (अ) बिल्ली परिवार का एक सदस्य

352. (अ) हाइरैक्स (हाइराकोइडी)

353. (स) शलभ

354. (ब) गधा

355. (स) कवचधारी जीव

356. (अ) श्वेत हंस

357. (अ) जेलीफिश
358. (ब) स्टरकोरैरिडी कुल का समुद्री पक्षी
359. (ब) कोरविडी कुल का कौआ
360. (अ) ओरिक्टेरोपिडी कुल का बड़े बिल बनानेवाला जीव
361. (अ) साइरेनियन वर्ग का जलीय स्तनधारी
362. (ब) तितलियाँ
363. (ब) पक्षी
364. (अ) भालू
365. (स) शलभ
366. (अ) घोड़े
367. (स) श्रू (छछूँदर)
368. (अ) एमिडिडी कुल का जलीय सरीसृप
369. (ब) हिम तेंदुआ
370. (ब) बाघ (टाइगर)
371. (अ) मुश्कबिलाव
372. (अ) मुश्कबिलाव
373. (ब) चमगादड़
374. (ब) बिल्ली
375. (अ) यह वीसल कुल का एक सदस्य है
376. (स) विवेर्रिडी
377. (ब) कुत्ता
378. (अ) चौसिंगा (ट्रैगोसिरिनी)
379. (ब) पेट से सटी थैलीवालों से (मार्सुपियल्स)
380. (ब) डिक्टियोप्टेरा
381. (अ) बिल्ली
382. (अ) मस्टीलिडी की धारीदार गंधमार्जार
383. (अ) ऊदबिलाव कथियान्याल (वीसल), गंधमार्जार (मस्टीलिनिडी)
384. (अ, ब, स, द)
385. (अ) जिराफिडी
386. (अ) बौना चौसिंगा (नेयोट्रैगिनी)
387. (ब) नेवला परिवार का सदस्य
388. (स) लालटेन मछली (लैंटर्न फिश)
389. (अ) समुद्री जीव *(पेंताक्ता तूबेर्कुलोसा)*
390. (अ) इलास्मोब्रांची उपवर्ग की एक शार्क
391. (अ) कूकाबर्रा किंगफिशर *(दाक्तेलो नोवाएइकुने)*
392. (अ) केवियोआइडी कुल
393. (ब) बकरी–चौसिंगा
394. (स) मार्सुपियल
395. (अ) हिरण (सर्विडी)
396. (ब) ऊदबिलाव (विविरेरिडी)
397. (अ) चार अंगोंवाला जलीय जीव
398. (स) असम (भारत)
399. (अ) इसकी नाक लंबी, फूली हुई और दोलक की तरह होती है
400. (ब) नीलापन लिये गुलाबी
401. (ब) छोटी पूँछवाला बंदर
402. (अ) सियामाँग *(हिलोबातेस सिंदाक्तिलुस)*, मलेशिया और सुमात्रा
403. (स) गोरिल्ला *(गोरिल्ला गोरिल्ला)*
404. (ब) हूलॉक गिब्बन *(हिलोवातेस होओलोक)*
405. (अ) बंदर *(मकाका मुलात्ता)*
406. (अ) साधारण लंगूर *(प्रेस्बितिस*

एंतेल्लुस)

407. (ब) अपने गाल के बड़े थैले में
408. (स) पेट के अतिरिक्त विशेष थैलीनुमा कक्ष में
409. (अ) इसके पाँव के दूसरे अँगूठे में चौड़े नाखून की बजाय पंजा होता है
410. (अ, ब, द)
411. (स) चिंपांजी *(पान त्रोग्लोदितेस)*
412. (अ) हाउलर बंदर (एटिलिस)
413. (ब) चमकीला नीला
414. (स) पूर्णत: शाकाहारी
415. (ब) उनके सिर्फ 30 दाँत होते हैं
416. (अ, ब, स)
417. (अ) इसकी त्वचा का रंग लाल से नारंगी और पीले में बदल जाता है
418. (अ) उड़नेवाले लेमूर
419. (अ) ये पहाड़ों में पाए जाते हैं
420. (अ) परिवर्तित कृंतक *(इंसाइजर)*
421. (ब) पराग
422. (अ,ब,स,द)
423. (स) याक
424. (अ) गन्ने का रस
425. (अ) हाथी अच्छे तैराक होते हैं
426. (ब) मद का रिसना, जो नर हाथी के आक्रामक होने का कारण बनता है
427. (अ) एयरडेल टेरियर
428. (ब) दो बार
429. (ब) तिब्बत का किआंग
430. (अ) गधा
431. (ब) मादा
432. (अ) कोई नहीं। जिसे अमेरिका में मूस कहते हैं उसे यूरोप में इल्क कहा जाता है
433. (ब) नर और मादा दोनों के सींग निकलते हैं
434. (स) जेबू
435. (अ) हिरण *(एपिचेरोस मेलाम्पुस)*
436. (ब) हिनी
437. (ब) इसके पाँव के अँगूठे सम संख्या में होते हैं
438. (स) दूसरे स्तनधारियों की तुलना में इसके दाँत ज्यादा होते हैं
439. (ब) जगुआर के धब्बे के अंदर एक और धब्बा होता है, जबकि तेंदुआ में ऐसा नहीं होता
440. (ब) काफरी बिल्ली
441. (अ) ये दो ऐसे मांसभक्षी जीव हैं जिनकी पूँछें पकड़ में आ सकती हैं
442. (अ) यह पानी नहीं पीता है
443. (अ) चार
444. (स) गधा और घोड़ी
445. (ब) अपने थैले में
446. (स) हिप्पोपोटैमस
447. (अ) भेड़िया
448. (ब) वसा
449. (अ) साही
450. (अ) कॉफी बेर
451. (ब) शरीर की तुलना में त्वचा ज्यादा होने से ताप की ज्यादा

मात्रा खर्च हो जाती है

452. (अ) उन्हें एक समान ताप प्राप्त होता है

453. (अ) फल खानेवाले चमगादड़

454. (ब) फल का गूदा

455. (अ) उनकी चीख 'प्रतिध्वनि उपकरण' है जो उनका निर्देशन करती है

456. (अ,ब,स,द)

457. (ब) अपनी पूँछ पर

458. (अ) हलका स्वर्णिम पीला

459. (ब) गहरा काला

460. (ब) पाँच फीट छह इंच

461. (स) पाँव के दो मुख्य अँगुलियों के बीच

462. (ब) मार्कोपोलो

463. (स) चौथा

464. (ब) मृग की गिरी हुई सींगें

465. (स) खरहा की आँखें खुली होती हैं और रोओं से भरी होती हैं। खरगोश की आँखें बंद होती हैं और रोएँ नहीं होते

466. (स) 11.3

467. (अ) भारतीय हिरनमूसा *(तातेरा इंदिका)*

468. (अ) जबड़े के अंदर आगे-पीछे के दाँतों के बीच खाली जगह होती है

469. (स) उन सबके पाँव खुरदार होते हैं, तीसरी अँगुली पर ज्यादा वजन रहता है

470. (ब) लकड़बग्घा

471. (ब) मैंगे

472. (ब) बेर

473. (ब) घ्राण

474. (अ) हाँ

475. (ब) पादतलचारी (प्लैंटिग्रेड)

476. (ब) दीमक

477. (अ) चश्मेवाला भालू *(त्रेमार्कतोस ओर्नातुस)*

478. (अ) इसकी हँसी जैसी आवाज

479. (स) लकड़बग्घा

480. (अ) संगमरमरी बिल्ली *(फेलिस मार्मोराता)*

481. (ब) 15

482. (अ) वे संवेदग्राही स्पर्शेंद्रिय हैं

483. (ब) एड़ियों से

484. (अ,स,य,र)

485. (अ) भारतीय बाइसन *(बोस गाउरुस)*

486. (अ) एक भी नहीं

487. (स) बाँस की टहनी

488. (स) वमन करने के लिए

489. (अ) 33,00,00,000

490. (अ) इओहिप्पस

491. (ब) फालाबेला

492. (ब) घोड़ा

493. (ब) घोड़ा

494. (ब) खच्चर बाँझ होते हैं

495. (ब) टेपेटम की परत रात में प्रकाश परावर्तित करती है

496. (स) यूकेलिप्टस की पत्तियाँ

497. (स) दोनों बराबर तेजी से दौड़ते हैं

498. (अ) सूअर

499. (ब) चार

500. (अ) एक

501. (स) बतखचोंचा प्लेटीपस (ऑर्निथोरिंचीडी)
502. (ब) मार्सुपियल को उसके जीवन काल में दाँत का एक ही सेट रहता है, जबकि दूसरे जानवरों के दो या दो से अधिक
503. (अ) ये निश्चित अंतराल पर डूबकर सामूहिक आत्महत्या करते हैं
504. (अ) बया *(कास्तोर फीबेर)*
505. (अ,स,द)
506. (ब) चीता *(आचिनोनिक्स युवातुस)*
507. (ब) 7
508. (अ) बिल्ली
509. (अ) कस्तूरी वृषभ *(ओविबोस मोस्कातुस)*
510. (ब) ये अधिकतर स्थल पर रहते हैं, परंतु मलत्याग पानी में करते हैं
511. (अ) लाल
512. (अ,स,य)
513. (अ) 63 दिन
514. (ब,स,द)
515. (ब) यह एक ही जैसे और एक ही लिंगवाले चार बच्चों को जन्म देता है
516. (अ,ब,स,द)
517. (अ) रोडेंशिया
518. (स) मार्सुपियल्स
519. (ब) यह खजूर से बनी ताड़ी पसंद करता है
520. (अ) 4,230
521. (अ) कृंतक (रोडेंशिया)
522. (ब) चमगादड़ (चिरोपटेरा)
523. (स) यह अंधी होती है
524. (अ) सिंह
525. (ब) सीरिया
526. (अ) इसके शरीर में चरबी की मोटी परत के ऊपर लंबे और घने बाल होते हैं
527. (ब) चिंपांजी
528. (अ) यह कॉकरस्पैनियल और पूड्ल का संयोग है
529. (ब) रामपुर हाउंड
530. (ब) मिस्र
531. (अ) पॉरपॉएज की थूथन मोथरी होती है, जबकि डॉल्फिन की थूथन चोंच जैसी होती है
532. (अ,ब)
533. (अ) हाँ
534. (अ) मूस का पहला चर्वण दाँत बड़ा होता है, यह दो अन्य संयुक्त चर्वण दाँतों से बड़ा होता है
535. (ब) जंगली कुत्ता या ढोल
536. (स) ओकापी *(ओकापिआ जोहस्तोनि)*
537. (स) बारहसिंगा दलदली जमीन पर निवास करता है और कभी-कभी पानी से बाहर भी रहता है
538. (अ) सांबर *(चेर्वुस यूनिकोलोर केर्र)*
539. (अ) ऊपरी जबड़े के आखिर के प्रिमोलर और निचले जबड़े के

प्रथम चर्वण (दाढ़) दाँत

540. (अ,ब,स,द,य,र)

541. (अ) प्रत्येक लार्क सिर्फ अपने ही लिंग के पक्षियों की हिफाजत करता है

542. (अ) ये अपनी चोंच से खोल तोड़ते हैं

543. (अ) ऑक्स-पेकर (ब्युफेगिनी)

544. (ब) साधारण बटेर *(कोतुर्निक्स कोतुर्निक्स)*

545. (अ) यह इनसानी गंदगी को साफ नहीं करता

546. (अ) एंडीयन कॉन्डॉर *(वुल्तुर ग्रिफुस)*

547. (ब) सफेद पेटवाला ट्री पाई *(देंदोचित्ता लेउकोगास्त्रा)*

548. (अ) काला

549. (ब) कीचड़ की तली से सूक्ष्म भोज्य पदार्थ की तलाश करना

550. (ब) धनेश (हॉर्नबिल)

551. (अ) दिन का लंबा होना, जो इसके जननांगों के विकसित होने पर काम करते हैं

552. (स) 220-260 बार

553. (ब) भूरी, श्वेत और हरी

554. (अ) ये मगरमच्छों को खतरे से आगाह करते हैं

555. (अ) यह एक कौड़िल्ला है, जो मछली नहीं पकड़ता है

556. (स) यह इसकी चोंच से चार गुनी बड़ी होती है। इसकी नोक तीखी होती है

557. (ब) ये मिट्टी से अपना घोंसला बनाती हैं, जो सूरज की किरणों से पककर कड़ा हो जाता है

558. (ब) अपनी सारी विष्ठा उठाकर निकट की नदी-तालाब में फेंक आती है

559. (ब) काला, आँचल जैसे चेहरेवाला, ग्रिफॉन, इजिप्शियन और टोपीनुमा गिद्ध

560. (अ) यह तेज दौड़ा है और अपने पंजों से उसपर झपट्टा मरता है

561. (अ) 33 डिग्री सेंटीग्रेड

562. (ब) ये अन्य पक्षियों पर हमला करके उन्हें अपना आहार बना लेती हैं

563. (स) नीला और पीला मैकॉ *(आरा आराराउना)*

564. (अ) रिआ *(रिआ अमेरिकाना)*

565. (स) वे पानी की सतह पर अपने पाँव फिसला सकते हैं, इससे उनके पानी पर चलने का आभास होता है

566. (अ) उसकी बड़ी चोंच में उसके आमाशय से दो-तीन गुना ज्यादा सामान जमा हो सकता है

567. (स) इसकी चोंच इतनी भारी होती है कि इसे कई बार अपनी गरदन पर टिकानी पड़ती है

568. (ब) कैक्टस का काँटा

569. (ब) पेंगुइन

570. (अ) इसके कड़े बाल दाढ़ी का रूप ले लेते हैं
571. (अ) यह चेरी और जैतून की गुठली को तोड़ देता है
572. (अ) पेंडुलिन टिट *(रेमीज पेंदुलिनुस)*
573. (ब) मकड़ी का जाल
574. (अ) पेषणी (गिजार्ड) में
575. (अ) ग्रेब्स (पोडिसिपिडीफॉर्म्स)
576. (स) पेंगुइन (स्फेनिसिडी)
577. (अ) उल्लू (स्ट्रीगिडी)
578. (ब) शुतुरमुर्ग *(स्त्रूतिओ कामेलुस)*
579. (ब) किरमिजी रंग के सिरवाला सारस *(ग्रुस आंतिगोने)*
580. (अ) शमा *(कोप्सिकुस मलाबारिकुस)*
581. (स) यह अपनी चोंच में पत्थर रखता है और उसे अंडे पर तब तक मारता है जब तक अंडा टूट न जाए
582. (अ) हमिंग बर्ड (ट्रॉकिलिडी)
583. (स) घ्राणेंद्रिय
584. (अ) सारस *(ग्रुस आंतिगोने)*
585. (ब) हिमालय का दाढ़ीवाला गिद्ध (लैमरजीअर)
586. (स) पहाड़ी मैना *(ग्राकुला रेलिजिओसा)*
587. (अ) घरेलू कौआ *(कोर्वुस स्पलेंदेंस)*
588. (ब) आर्कियोपटैरिक्स
589. (अ) तोता
590. (स) ध्वनि
591. (स) यह बाहरी हिस्से में चोंच मारकर मक्खियों को परेशान करता है ताकि वे छत्ते को छोड़ दें
592. (अ) नर
593. (अ) लाल सिरवाला बाज *(फालको चिकुएरा)*
594. (अ) अपने शरीर के सबसे नाजुक अंग को बचाने के लिए
595. (ब) यह बाद में खाने के लिए शिकार को जमा करके रखता है
596. (अ) यह उष्णकटिबंधीय जंगल के तालाब में रहता है और पेड़ के फलों एवं अन्य वनस्पतियों पर निर्भर करता है
597. (अ) चीनी बटेर *(कोतुर्निक्स कीनेन्सिस)*
598. (अ) भोजन को पीसकर पचाने के लिए
599. (अ) लाल जंगली मुरगा *(गाल्लुस गाल्लुस)*
600. (स) ठंडी जमीन से बाहर उसे अपने पाँवों के बीच पकड़कर रखता है
601. (अ) असली कोयल
602. (अ,स)
603. (ब,द,य)
604. (ब) सुनहरी चील *(आकुइला क्रिलाएतोस)*
605. (स) साधारण मैना
606. (ब) ये पूरा शिकार निगल जाते हैं, फिर अनपचे हिस्से को गोली के रूप में निकाल देते हैं

607. (स) सिरिंक्स
608. (अ) कबूतर
609. (ब) लाल रंग की, लटकी हुई गरदनवाली टिटहरी *(वानेल्लुस इंदिकुस)*
610. (अ) खोल आवरण नहीं बल्कि इसके कंकाल का एक हिस्सा है
611. (अ) पूँछ के छोर पर
612. (ब) यह न सिर्फ जमीन बल्कि पानी पर भी दौड़ता है
613. (अ) इसके गद्दीदार पाँव में अतिसूक्ष्म हुक कोशिकाएँ होती हैं जो दीवारों के सूक्ष्मतम उबड़-खाबड़पन को जकड़ लेती हैं
614. (अ) नर
615. (स) यह मुँह की तली से जुड़ी होती है
616. (अ) नेवला
617. (अ) नहीं, साँप बहरे होते हैं। वे बीन के हिलने को खतरा समझकर दाएँ-बाएँ हिलते हैं
618. (ब) एलिगेटर के ऊपरी दाँत नीचे के दाँतों को घेर लेते हैं जबकि मगर का मुँह बंद होता है तो उसके निचले दाँत दिखाई देते हैं
619. (ब) पट्टीवाला करैत
620. (अ) रैट्लवाला पिट वाइपर (क्रोटेलस)
621. (ब) ये अपनी माँ को पुकारते हैं, जो बालू खोदती है और अंडे को तोड़ती है
622. (ब) शिकारियों के आकर्षण से बचने के लिए
623. (ब) उनके आँख और नथुनों के बीच छेद होते हैं, जो ताप संवेदी होते हैं, ताकि उष्णरक्तीय शिकार को भी रात में देख पाएँ
624. (ब) 5,175
625. (अ) स्कुआमाटा
626. (अ) बायाँ फेफड़ा बहुत छोटा होता है और दायाँ फेफड़ा बहुत बड़ा
627. (स) मोटी जीभवाली छिपकलियाँ
628. (अ) हाँ
629. (ब) यह अंडे भी देती है और बच्चे भी जनती है
630. (अ) बिल्ली सर्प (कॉमन कैट स्नेक)
631. (अ) पट्टीदार करैत साँप *(बुंगारुस फासिआतुस)*
632. (स) इसके पाँव जालवत् होते हैं
633. (अ) ये रंग बदलने में मदद करती हैं
634. (अ) शरीर पर कई रंग दिखाई देते हैं
635. (ब) कोबरा कृंतकों की आबादी को नियंत्रित करता है
636. (स) यह सिर्फ मछली खाता है
637. (अ) चूहा खानेवाला सर्प *(एलाफे ओब्सोलेता)*
638. (ब) छिपकली
639. (अ,ब,स,द)
640. (स) किंग कोबरा

(ओफिओफागुस हन्ना)

641. (ब) घोड़ा
642. (अ) भारत
643. (अ) दो सिर के साथ; हर सिर स्वतंत्र रूप से काम करता है
644. (अ) बोएड समूह के अजगर, बोआ और एनाकोंडा
645. (अ) होंठ के चारों ओर
646. (स) एक भी नहीं
647. (अ) नर का जबड़ा कड़े सींग के रूप में बड़ा हो गया, जिससे ये एक-दूसरे से लड़ते हैं
648. (अ) घरेलू मक्खी *(मुस्का दोमेस्तिका)*
649. (अ) दो
650. (ब) दो संयुक्त आँखें
651. (स) पेट के अंदर
652. (स) लाल और काला
653. (अ) एक
654. (स) 29
655. (ब) पैर का एक हिस्सा आगे के पंख के साथ रगड़ने से
656. (ब) कूदकर
657. (ब) शल्की पंख; तितली और शलभ
658. (ब) इसमें थक्का न जमने देनेवाली चीज होती है
659. (स) पौधों का पराग
660. (ब) सर पैट्रिक मैनसन—फाइलेरिएसिस
661. (अ) झींगुर (ग्रिलीडी)
662. (अ) निंफ
663. (अ) दो संयुक्त और तीन साधारण आँखें
664. (ब) तिलचट्टा (ब्लैटेरिया)
665. (ब) चूहे के पिस्सू *(क्सेनोप्सिल्ला केओपिस)*
666. (स) हरक्यूलीज सम्राट् शलभ *(कोस्सिनोचेरा हेर्कुलेस)*
667. (स) उनके आकार से
668. (ब) मे-मक्खी (इफेमेरोप्टेरा)
669. (अ) लेडीबर्ड भृंग (कॉक्सीनेलीडी)
670. (अ) यह जहरीला है और खाने के योग्य नहीं है
671. (ब) सुरक्षा उपायों के रूप में जब एक हानि रहित प्रजाति एक हानिकर प्रजाति की नकल करती है
672. (अ) जब दो नुकसानदेह प्रजातियाँ एक ही रंग पैटर्न अपनाती हैं
673. (ब) चींटी
674. (अ) एफिड (एफिडी)
675. (अ,ब,स,द,य,र)
676. (ब) ज्यादा आबादी
677. (अ) श्रवणेंद्रिय
678. (अ) बादशाह तितली *(दानाउस प्लेक्सिपुस)*
679. (अ) 1,500,000
680. (ब) शहतूत
681. (अ) रजत मत्स्य
682. (ब) इसके पेट पर लगे लुसिफरीन नामक पदार्थ के कारण
683. (अ) साथी को आकर्षित करने के लिए

684. (ब) मादा
685. (स) आठ
686. (स) नाविक (कोरिक्सिडी)
687. (अ) 17 दिन
688. (ब) मादा
689. (ब) रानी मधुमक्खी की आवाज की नकल करता है
690. (ब) वे नर के रूप में बदल जाते हैं
691. (अ,ब)—मुरगा, बंदर
692. (अ) ग्रीनबॉट्ल मक्खी *(लुचिलिआ केसार)*
693. (ब) स्टार्च और शुगर
694. (अ,ब)
695. (ब) मधुमक्खी (एपिनी)
696. (स) हत्यारा खटमल (रेडुविडी)
697. (अ) वे कीट जो शीतकाल में निर्जीव हो जाते हैं
698. (स) वे अंडों और लार्वा को पालते हैं
699. (अ) इसके द्वारा ढोए हुए पराग का स्रोत और दूरी
700. (ब) ड्रेगन मक्खी (एनिसॉप्टेरा)
701. (अ) हस्तबद्ध मैंटिस *(मांतिस रेलिजिओसा)*
702. (अ) वे अपने पेट में एफिड से निकले पौष्टिक द्रव को जमा करती हैं
703. (ब) मच्छर (क्यूलिसिडी)
704. (ब) दीमक
705. (अ,स,द,य,र,ल)
706. (अ) यह गड्ढा खोदता है, उसमें रेंगकर जाता है और चींटी के उसके अंदर गिरने का इंतजार करता है
707. (अ) समुद्री जीव
708. (अ) उछलनेवाली मकड़ी (एट्टिड्स)
709. (अ) उछलनेवाली मकड़ी *(साल्तीकुस स्केनीकुस)*
710. (ब) थ्रेडरी
711. (स) एक बार बिच्छू उन्हें अपने शिकार में जकड़ लेता है तो वे उस जगह कैद हो जाते हैं
712. (ब) छह
713. (अ) राज केकड़ा *(लिमुलुस पोलीफेमुस)*
714. (स) इसकी छह की बजाय आठ टाँगें होती हैं
715. (स) कानखजूरा के प्रत्येक खंड में एक जोड़ी पैर होते हैं और सहस्रपाद के प्रत्येक खंड में दो जोड़ी
716. (स) फेफड़े के द्वारा यह शरीर के बाहर की ओर खुलता है
717. (स) उनके खोल मछलियों के लिए कैल्सियम उपलब्ध कराते हैं
718. (ब) कच्ची मछली से
719. (अ) सूअर
720. (अ) निकेटर
721. (स) इसका कंकाल नहीं होता
722. (स) एंटअमीबा
723. (ब) ट्राइपैनोसोम—सी-सी मक्खी
724. (ब) प्लाजमोडियम
725. (अ) उपचर्म

726. (अ) प्रोटोजोआ

727. (अ) यह लहराता है, सूडोपोडिया को आगे की ओर धकेलता है और पिछले हिस्से को खींचता है

728. (ब) अमीबा की छोटी उँगली जैसा प्रक्षेपक

729. (अ) एककोशकीय ग्लोबिगेरिना परिवार के शंख से

730. (अ) प्रोटोजोआ

731. (अ) 40,000

732. (अ) खुदाई की मिट्टी निगलकर

733. (ब) प्रत्येक आधा हिस्सा एक नया फ्लैटवर्म बन जाता है

734. (ब) द्विआधारी विखंडन से

735. (स) किसी की नहीं, केंचुआ उभयलिंगी है

736. (स) यह अंधी होती है

737. (अ) डायन मछली (मिक्सिनिडी)

738. (स) 500 वोल्ट

739. (अ) रजत शल्क आसानी से उतर आते हैं

740. (ब) नवजात बच्चों के अंडों से बाहर आने तक मछलियाँ मुँह या गरदन में अंडे सेती हैं

741. (अ) वे पकड़े जाने पर मेढक की तरह टर्राती हैं

742. (अ) मीठे पानी के सीप के आवरण के अंदर

743. (अ) हेलिबुट (प्लूरॉनेक्टिडी)

744. (अ) यह मछली जगत् की खलनायिका है। यह मेजबान मछली का रक्त चूसती है

745. (अ) कैटफिश (सिलुरिफॉर्म्स)

746. (अ) समुद्री घोड़ा (हिप्पोकैंपस)

747. (ब) पट्टियोंवाली मार्लिन *(तेत्राप्तुरुस ब्रेविरोस्त्रिस)*

748. (अ) स्टिकलबैक्स (गैस्टेरोस्टीफॉर्म्स)

749. (ब) शिकार पकड़ने के लिए इसके मुँह के ऊपर लटकती एक छड़ के सिरे पर एक चमकता हुआ तारा होता है

750. (ब) चूँकि दोनों आँखें सिर के बाईं ओर स्थित होती हैं

751. (ब) पफर मछली (टेट्राओडोंटीडी)

752. (अ) बोनीफिश (ऑस्टिकथाइस)

753. (अ) इसकी सूँड़ जैसी लंबी थूथन होती है

754. (ब) अंडे में तेल की बूँदें होती हैं जो इसे प्लवनशील बनाती हैं

755. (अ) शार्क जैसी मछलियों द्वारा दिए अंडे को रखने का पात्र। यह समुद्री शैवाल से जुड़ा होता है

756. (ब,स)

757. (अ) यह एक मछली नहीं बल्कि काँटों जैसी त्वचावाला समुद्री जीव (इकाइनोडर्माटा) है

758. (अ) प्लैस

759. (अ) यह अन्य मछलियों के मुँह से परजीवियों और संक्रमित ऊतकों की सफाई करती है

760. (अ) कार्प (सिप्रिनिडी)

761. (अ) चढ़ाई करनेवाली कवई *(अनान्बास तेस्तुदिनेउस)*
762. (ब) विशाल गौरामी *(ओस्फ्रेनेमुस गोरामी)*
763. (स) हिलसा *(हिल्सा हिल्सा)*
764. (स) लोच *(लेपिदोचे-फालिक्तिस हेर्मालिस)*
765. (अ) प्रजनन के लिए समुद्र से नदी में जानेवाली मछली
766. (अ,ब)
767. (स) मच्छर मछली *(गांबूसिआ आफ्फिनिस होलब्रोओकी)*
768. (ब) कीचड़ में उछलनेवाली (गोबिडी)
769. (अ) मिनो
770. (अ) उनके शरीर के ऊतक पारदर्शी होते हैं और उनकी हड्डियाँ दृश्यमान होती हैं
771. (अ) जहरीली मछली खाने में नुकसानदेह होती है; विषदंशवाली मछली जब काटती है तब जहर फैलता है
772. (अ) पॉमफ्रेट
773. (ब) यह बड़े समुद्री जीव से जुड़ी रहती है और उसके मुँह से छूटकर बची मछलियों के टुकड़े खाती है
774. (ब) उन्हें एक कतार के रूप में बाँधकर समुद्र में छोड़ दिया जाता है, जब ये कछुओं से जुड़ती हैं तो दोनों को खींच लिया जाता है
775. (अ) ऑइस्टर
776. (ब) 10
777. (ब) सुरक्षा के लिए
778. (ब) सिर के ठीक ऊपर
779. (स) एक भी नहीं
780. (ब) पानी की धारा में से सूक्ष्म जीवों को छानकर
781. (अ) ट्राइटॉन का ट्रंपेट *(कारोनिआ त्रितोनिस)*
782. (ब) इसकी आँखें घूमती हुई इंद्रियों पर स्थित होती हैं
783. (ब) 120,000 किलोग्राम
784. (स) सागरिया झींगा *(एउफाउसिआ सुपेर्वा)*
785. (अ) छाती का पंजर कमजोर होने की वजह से इसके वजन के द्वारा इसका फेफड़ा दब जाता है
786. (अ) प्रॉन के पाँच पैरों के दूसरे जोड़े पर चिमटियाँ होती हैं
787. (ब) 500,000,000
788. (अ) कूबड़वाली ह्वेल *(मेगाप्तेरा नोवाएआंग्लिए)*
789. (ब) प्लैंकटन
790. (ब) 3,000,000
791. (अ) हवाई स्पिनर डॉल्फिन *(स्तेनेल्ला लोंजिरोस्त्रिस)*
792. (स) डॉल्फिन
793. (स) आठ
794. (ब) जब तक मरते नहीं तब तक अपनी प्रत्येक भुजा खा जाते हैं
795. (ब) स्पैट

796. (अ) धरातल के रंग में अपना रंग मिलाकर
797. (अ) कैल्सियम कार्बोनेट
798. (ब) भागते हुए ये रोशनाई के बादल छोड़ते हैं ताकि हमलावर भ्रमित हो जाए
799. (अ) वे उम्र / वृद्धि की रेखाएँ हैं
800. (अ) भोजन की प्रचुरता के कारण मोलस्क के खोलों (शेल) में वृद्धि हो जाती है
801. (ब) कैल्सियम कार्बोनेट
802. (अ) यह समुद्री खर-पतवार और समुद्री घास खाती है
803. (ब) मुलायम त्वचावाला भारतीय ऊदबिलाव *(लूत्रा प्रेस्पिचिल्लाता)*
804. (स) चढ़ाई करनेवाला पर्च *(अनान्वास तेस्तुदिनेउस)*
805. (अ) यह अपनी नाक को इतना फुलाता है कि वह बड़ा गुब्बारा बन जाए
806. (अ) हाँ
807. (ब) हाथी सील *(मिरोउन्गा लेओनिना)*
808. (अ,ब,स)
809. (ब) दाईं ओर वाले सर्पिल आकृतिवाले आवरण डेक्स्ट्रल कहलाते हैं, जबकि बाईं ओर वाले सर्पिल आकृतिवाले आवरण सिनिस्ट्रल कहलाते हैं
810. (स) संन्यासी केकड़े का अपना खोल नहीं होता है, लेकिन वह अस्थायी तौर पर शंखमीनों के खाली पड़े खोलों का उपयोग करता है
811. (अ) साइफन विधि से तेजी से अपने शरीर से पानी बाहर निकालता है, इस तरह से वह आगे बढ़ जाता है
812. (स) नर अंडों को अपनी पिछली टाँग में छिपाकर तब तक रखता है जब तक अंडे फूट नहीं जाते हैं
813. (अ) जहाँ कहीं भी पानी में आयोडीन की कमी होती है, टैडपोल अपना विकास पूरा नहीं कर पाते हैं
814. (ब) अपनी त्वचा से
815. (अ) टोड की त्वचा सूखी और गूमड़दार होती है, जबकि मेढक की त्वचा नम और मुलायम होती है
816. (ब) रेगिस्तान में
817. (अ) टैडपोल मेढक की तुलना में तीन गुना बड़े होते हैं
818. (स) अंडों की थैली में जैसे ही भ्रूण दिखाई देता है, नर लपककर उसे अपने स्वर थैली (वाकल सैक) में रख लेता है। जब वे विकसित हो जाते हैं तो मुँह से बाहर निकल आते हैं
819. (अ) भूरे सींगोंवाला हिरण *(एल्दी*

एल्दी)

820. (अ) पवित्र बुज्जा *(त्रेस्किओर्निस आतिओपिका)*

821. (ब) जॉर्ज विलियम स्टेलर

822. (अ,ब,य)

823. (स) लोमड़ी

824. (अ) नुबियन जंगली गधा *(आकुउस आफ्रीकानुस आफ्रीकानुस)*

825. (अ) सिर, गरदन और कंधों पर धारीवाला जेब्रा

826. (अ) घोड़ा

827. (ब) बेडौल दाँतोंवाली डॉल्फिन *(स्तेनो ब्रेदानेंसिस)*

828. (ब) चीता *(आचिनोनिक्स युवातुस)*

829. (अ,ब)

830. (स) बतखचोंचा *(ओर्नितोरिंकुस अनातिनुस)*

831. (स) सानो बनैल *(सुस साल्वानिउस)*

832. (स) तीन

833. (अ,स)

834. (स) टारपन *(एक्यूस प्रजेवाल्स्कीइ ग्मेलिनि)*

835. (ब) जुरासिक

836. (स) ट्राइएसिक

837. (ब) मार्सुपिआलिया

838. (अ) सिलुरियन

839. (स) सरीसृप

840. (अ) सेनोजोइक युग

841. (ब) उभयचर और कीड़े-मकोड़े

842. (अ) एडवर्ड लीयर

843. (ब) ईंट

844. (अ) भेड़िया

845. (ब) बाघ

846. (अ) गौरैया

847. (ब) बिलाव मछली (सिलुरिफार्म्स)

848. (अ) नकलची पक्षी 'मॉकिंग बर्ड' *(मिमुस पोलीग्लोत्तोस)*

849. (अ) एलिस की 'एडवेंचर्स इन वंडर लैंड'

850. (अ) टी. मूर—'लाला रूख'

851. (स) किंग रिचर्ड द थर्ड

852. (ब) रोमियो और जूलियट

853. (अ) आशा

854. (ब) थ्रू द लुकिंग ग्लास

855. (ब) चेतावनी की जरूरत

856. (स) बीमार प्रजनन

857. (ब) धूर्तता शक्ति को पीछे छोड़ देती है

858. (अ) सारा जोर मेहनती बैल पर

859. (अ) तुम मुझे पंजे से नोचो, मैं तुम्हें पंजे से नोचूँगी

860. (अ) जो अपनी गलतियों के लिए दूसरों को जिम्मेदार ठहराता है

861. (स) अपने ही घर में प्रतिकूल स्थिति का सामना करना

862. (अ) अनावश्यक क्रूरता का प्रदर्शन

863. (अ) छोटे लोगों के बीच महत्त्वपूर्ण व्यक्ति

864. (अ) फूहड़ व्यक्ति

865. (स) शुतुरमुर्ग

866. (ब) बरबाद करना
867. (अ). ह्रास होना
868. (स) डॉल्फिन
869. (अ) जोनाथन स्विफ्ट
870. (ब) एक कम्युनिस्ट
871. (ब) विनी द पूह
872. (अ) जॉर्ज ऑरवेल की 'एनिमल फार्म'
873. (ब) ईसप
874. (ब) डेसमंड मॉरिस
875. (अ) क्लेमेंट एटली
876. (ब) डब्ल्यू.सी. फील्ड्स
877. (स) ऑग्डेन नैश
878. (ब) कॉलरिज की 'द राइम ऑफ द एंसिएंट मेरिनर'
879. (ब) यूरेशियाई श्वेत लकलक *(चिकोनिआ चिकोनिआ)*
880. (ब) एलेक्जेंडर
881. (अ) सर्प
882. (ब) ह्वेल
883. (ब) सिंह
884. (ब) हाथी
885. (अ) चीन, बारहवीं सदी, विद्वत्ता का उद्यान
886. (अ) गुबरैला *(स्काराबेउस साचेर)*
887. (ब) आधा मनुष्य आधा घोड़ा
888. (स) चीता *(आचिनोनिक्स युबातुस)*
889. (अ) अशोक
890. (ब) अबाबील
891. (अ) कुत्ता
892. (स) घोड़ा
893. (ब) नेवला
894. (अ) कुत्ता
895. (ब) रेंडियर
896. (ब) साँड़
897. (अ) बिल्ली
898. (ब) जांबवान
899. (अ) गरुड़
900. (अ) सर्प
901. (ब) चील
902. (ब) मछली
903. (अ) सात
904. (अ) केकड़ा
905. (ब) मजबूत जबड़ेवाला
906. (ब) तोता
907. (स) मनसा
908. (अ) भैंस (बफैलो)
909. (स) लाल गाय
910. (अ) गणेश—मूषक
911. (अ) हंस
912. (अ) सिंह
913. (अ) सिंह
914. (ब) सियार
915. (ब) हाथी
916. (स) शेर
917. (अ) कार्तिकेय
918. (अ) सर्प
919. (ब) सियार
920. (अ) फाख्ता
921. (ब) भेड़िया
922. (ब) गधा
923. (अ) गधा
924. (अ) अस्तबल में
925. (स) साँड़

926. (अ) बकरा
927. (अ) स्फिंक्स
928. (ब) भेड़
929. (स) बिच्छू
930. (अ) भेड़िया, काला कौआ
931. (ब) चेतक
932. (ब) अमर पक्षी
933. (अ) सत्य
934. (अ) सूँड़दार बंदर *(नासालिस लार्वातुस)*
935. (ब) मादा समुद्री गाय अपने बच्चों को बाँहों में समेट, उन्हें अपने दो चूचकों से दूध पिलाती हुई सीधी खड़ी मुद्रा में निकलती है
936. (ब) हाथी
937. (ब) पूड्ल
938. (अ) पॉलिप मूँगा संरचना की शाखाएँ
939. (अ) तितलियों की
940. (ब) कूबड़वाली ह्वेल *(मेगाप्तेरा नोवाएआंएग्लिए)*
941. (स) दो अँगूठोंवाला स्लॉथ *(कोलोएपुस दिदाक्तिलुस)*
942. (ब) पालास बिल्ली *(फेलिस मानुल)*
943. (ब) इसे डोनाल्ड ड्रेक होना चाहिए
944. (अ) कनाडा की साही *(इरेतिजोन दोर्सातुम)*
945. (अ) टोके *(गेको गेको)*
946. (ब) अमेजन चींटी *(पोलिएर्गुस रूफेस्सेंस)*
947. (अ) नर पेंगुइन *(स्फेनिसिडी)*
948. (ब) ब्रश जैसी पूँछवाला पोसम
927. (स) गिरगिट (चैमेलियॉनिटिडी)
958. (अ) बया चिड़िया
951. (ब) दरियाई घोड़ा
952. (स) चमगादड़
953. (ब) मेढक
954. (ब) चमकीला साटन
955. (अ) स्टोट, भूरा—एरमाइन से, श्वेत
956. (स) एक भी नहीं
957. (अ) वे मृत्युपर्यंत वृद्धि करते रहते हैं
958. (अ) कुत्ता
959. (अ) कोएला भालू
960. (र) उपर्युक्त सभी
961. (स) साँड़ बधिया किए गए बैल होते हैं
962. (अ) वोल्कस्वाजेन
963. (अ) कुत्ता
964. (ब) बिल्ली
965. (अ,ब,स,द,य,र)
966. (अ) 75% सिंहनी, 12% अन्य बिल्ली जाति के जानवर और 12% स्वयं।
967. (अ) जुगाली न करनेवाले, खुरवाले और मोटी त्वचावाले जानवर
968. (ब) सर्प
969. (अ) अर्थोपोडा
970. (अ) बाहरी कंकाल और संयुक्त पाँव की जोड़ीवाले जीव
971. (अ) पॉलिप
972. (अ) फल खानेवाला चमगादड़
973. (अ) गंगा की डॉल्फिन

(प्लातानिस्ता गांगेतिका)

974. (ब) चूहा
975. (अ) अंगुलिग्रेड जानवर—हाथी, सूअर, गाय और घोड़ा
976. (स) घोड़ा
977. (ब) इसके रोएँ में बारीक शैवाल होते हैं
978. (स) घोड़ा
979. (ब) सीलाकैंथ *(लातिमेरिआ कालुम्ने)*
980. (अ) साही
981. (ब) स्कंक (मस्टेलिडी)
982. (ब) रैकून (प्रोसियोनिडी)
983. (अ) मगरमच्छ
984. (अ) छोटा भारतीय ऊदबिलाव
985. (अ) उड़नेवाली गिलहरी (टेरोमाइनी)
986. (ब) सिर्फ यही दो जीव हैं जो अपनी गरदन 180 डिग्री में घुमा सकते हैं
987. (अ) हाथी
988. (अ) उष्णकटिबंधीय जंगल के पक्षी
989. (अ) एकांतबासी केकड़ा *(कोएनोबिता हिल्गेंद्रोर्फी)*
990. (अ) कार्प
991. (ब) लाल चोंचवाली क्वेल
992. (अ) दोनों 'इकोलोकेशन' के जरिए चलते हैं
993. (ब) दक्षिणी ध्रुव
994. (ब) मेढक ढेले के रूप में अंडे देता है और टोड लंबी डोरी की शक्ल में
995. (ब) 1972 ई.
996. (अ) अपोसम अमेरिकी मार्सुपियल है, जबकि पोसम ऑस्ट्रेलियाई मार्सुपियल
997. (अ) ये ही एकमात्र जानवर हैं जो पानी के लिए जमीन खोदते हैं
998. (अ) ये सभी मोटी चमड़ीवाले (पैचीडर्म) जानवर हैं
999. (अ) डोडो
1000. (ब) जमीन पर रहनेवाली छोटी छिपकली।

□□□